Angela Geissler

GELASSEN BLEIBEN – EGAL WAS PASSIERT

ANGELA GEISSLER

GELASSEN BLEIBEN

EGAL WAS PASSIERT

Entdecke den Stoiker in dir

nymphenburger

Umschlaggestaltung von Gramisci Editorial Design, München / Claudia Geffert unter Verwendung einer Zeichnung von Nadia Snopek/shutterstock

Alle Angaben in diesem Buch erfolgen nach bestem Wissen und Gewissen. Sorgfalt bei der Umsetzung ist indes dennoch geboten. Der Verlag und die Autoren übernehmen keinerlei Haftung für Personen-, Sach- oder Vermögensschäden, die aus der Anwendung der vorgestellten Materialien, Methoden oder Informationen entstehen könnten.

Unser gesamtes Programm finden Sie unter kosmos.de/nymphenburger

Gedruckt auf chlorfrei gebleichtem Papier

© 2021, nymphenburger in der
Franckh-Kosmos Verlags-Gmbh & Co. KG, Stuttgart,
Pfizerstraße 5–7, 70184 Stuttgart
Alle Rechte vorbehalten
ISBN: 978-3-96860-012-3
Projektleitung: Dr. Stefan Raps
Lektorat: Dr. Eva Eckstein
Satz: Satzwerk Huber, Germering
Produktion: Angela List
Druck und Bindung: Friedrich Pustet GmbH & Co. KG, Regensburg
Printed in Germany / Imprimé en Allemagne

INHALT

7 Einleitung

13 **I. FINDE DEIN LEBENSZIEL**
15 An Hindernissen wachsen
18 Finde dein Vorbild
22 Umgang mit inneren Widerständen
25 Den Willen stärken

31 **II. DENKEN: DIE KRAFT DER VERNUNFT**
33 Schnelles und langsames Denken
37 Schwierigkeiten auflösen
42 Das Glück der Veränderung

45 **III. AKZEPTANZ – DAS LEBEN ANNEHMEN**
48 Verändere deine Wahrnehmung
51 Liebe, was du tust
55 Klagen hilft nicht
59 Die Kraft des Jetzt

63 **IV. MIT HERAUSFORDERUNGEN SOUVERÄN UMGEHEN**
65 Verändere deine Gefühle
68 Dem Leben positiv begegnen
70 Nutze die Macht der Freundlichkeit
72 Vergib dir: die Kraft der Vergebung

77	**V. DIE WURZELN DES GLÜCKS**
78	Dein Vorbild als Mentor
80	Lass dich nicht antriggern
82	Entwickle Sanftmut und Milde
85	Die Kunst des Perspektivenwechsels
89	Herausforderungen meistern
90	Bleibe gelassen
94	Bereite dich auf Unvorhersehbares vor
98	Sag Ja zum Augenblick
101	**VI. INNERE STÄRKE ENTWICKELN**
104	Entwickle eine innere Ethik
106	Sei gütig
109	Finde Stärke in dir
112	Ziehe Grenzen
114	Widerstehe den Verlockungen
117	Gib deiner inneren Göttin Raum
123	**VII. FREISEIN-SCHWIERIGKEITEN ALS CHANCE**
127	Finde deinen Lebenssinn
130	Entdecke die Wurzel der Angst
133	Sei dankbar
135	Lass Unsinniges los
137	Gestalte dein Leben
141	Der Weg in die Freiheit
144	Geh deinen Weg
147	Glücklich und weise
149	Anmerkungen
157	Autorenporträt

EINLEITUNG

Gelassenheit: Was bedeutet das für dich? Für mich ist es die Fähigkeit, sich nicht von den vielen kleinen und großen Widrigkeiten des Alltags mitreißen zu lassen. Ganz im Augenblick präsent zu sein und sich frei entscheiden zu können, statt emotional gefärbten automatischen Reaktionen ausgeliefert zu sein. Solche Kurzschlussreaktionen unter großem Stress kennt jeder, und oftmals sind wir hinterher unglücklich über das Geschehene. Tiefe Gelassenheit ist ein großartiger Weg zu mehr Glück und Lebensfreude. Die alte griechische Philosophie der Stoa bietet einen alltagstauglichen Ansatz, mit dem du Schritt für Schritt gelassener in den Stürmen des Lebens stehen kannst. Das konnte ich im stressigen Umfeld einer Klinik testen. Die Übungen, die ich in diesem Buch mit dir teile, entfalten ihre Wirkung jeden Tag aufs Neue. Je häufiger du sie anwendest, desto kraftvoller wirken sie.

Ich begegnete der Stoa nach langer Suche nach innerer Gelassenheit und Weisheit. Meine Führungserfahrung, eine Coaching-Ausbildung und die umfassende Schulung in einer Rinzai-Zen-Linie halfen mir, einen wunderbaren Trainingsweg in den alten Texten freizulegen. Die wenig überraschende Erkenntnis war, dass alle alltagstauglichen Weisheitslehren dieselbe Essenz teilen.

Als ich begann, die Lehren der Stoa in meinen Alltag zu integrieren, entdeckte ich das Buch von Pierre Hadot, *Philosophy as a way of life* (1). Es hat mich zutiefst berührt, dass auch er sie als Training beschreibt: Philosophie als Lebensweg, als spirituelle Übung, die zu einem glücklichen Leben führt. Diese Betrachtung der griechischen Philosophie als Handlungsanleitung für ein gelungenes Leben fühlte sich richtig an. Sie deckte sich mit meinen persönlichen Erfahrungen.

Für die Stoa, wie auch für andere Übungswege, wirken oftmals gerade die Hindernisse, die Probleme und Schwierigkeiten als Brandbeschleuniger auf dem Weg zu tiefer Gelassenheit. Wahrscheinlich hast auch du schon einmal die Erfahrung gemacht, dass du dich nach einer ausgestandenen schwierigen und aufwühlenden Situation plötzlich in einer fast unerklärlichen inneren Ruhe wiederfindest. Diese innere Haltung kannst du mithilfe der Übungen in diesem Buch kultivieren. Die stoische Philosophie öffnet dir den Weg, mit dir selbst und deinen Mitmenschen gelassener umzugehen.

Im Einklang mit der Natur zu leben, war für die Stoiker zentrales Ziel ihres Lebens und ihrer persönlichen Entwicklung. In Übereinstimmung mit sich selbst zu sein und mit der großen Natur, der Welt als lebendiger Organismus, der alles umfasst und von göttlichen Wirkkräften durchströmt ist. Die Vernunft *(logos)* sahen sie als besondere Fähigkeit des Menschen, Geschehnisse zu betrachten, zu analysieren und diese Erkenntnisse zu nutzen, um in vollkommener Harmonie mit dem großen Ganzen das eigene Leben zu gestalten. In tiefer Einheit mit der Natur zu leben, impliziert auch anzuerkennen, dass diese Kräfte für uns Menschen manchmal schwer zu akzeptieren sind, dass Krankheit, Tod und Katastrophen ein wichtiger Bestandteil sind.

Der spirituelle, philosophische Entwicklungsweg der Stoa entfaltet seine heilsamen Kräfte für alle Menschen. Wenngleich sich in diesem Buch nur Texte und Beispiele männlicher Stoiker finden, so bietet dieser Weg gerade Frauen eine großartige Unterstützung bei der Entdeckung der eigenen Kraft und Gelassenheit.

»Der alles gebenden und wieder nehmenden Natur sagt der Gebildete und Zurückhaltende: ›Gib, was du willst, nimm zurück, was du willst.‹ Er sagt dies aber nicht in Überheblichkeit, sondern nur in Gehorsam und Wohlwollen ihr gegenüber.« (2)

Täglich treten neue Herausforderungen in unser Leben. Wir brauchen eine stabile innere Ausrichtung, um gelassen damit umzugehen. Um im Einklang mit uns selbst und der Natur zu leben. Halt fanden die Stoiker in den Tugenden, die sie als zentrale innere Werte erkannten, um in Übereinstimmung mit der Vernunft ein gelingendes, harmonisches Leben zu führen. Wenn wir bereit sind, diese alten griechischen Tugenden, wie mitfühlendes Miteinander, Respekt, Mäßigung, Mut, neu zu entdecken, können wir auch heute sehr profitieren. Sie erleichtern uns die Orientierung, wenn sich alles als wenig verlässlich und unbeständig erweist.

Folgst du dieser Philosophie, wirst du entdecken, dass kraftvolles Handeln und weiser Umgang mit schwierigen Situationen dein Leben zunehmend bestimmen. Doch allein mit dem Lesen der Texte, so berührend diese auch sein mögen, wirst du nicht postwendend zum gelassenen Glück finden. Es braucht eine alltagstaugliche Umsetzung, einen handfesten Trainingsplan. Dieses Buch ist kein Lehrbuch, es ist ein Übungsbuch, mit dem du den Weg der Stoa im Alltag gehen kannst.

Wäre es nicht großartig, wenn es dir gelänge, diese Gelassenheit mehr und mehr in dein Leben zu integrieren?

Was brauchst du für diesen Weg?

Du solltest bereit sein, jeden Tag etwas Zeit dafür zu investieren, selbst im größten Stress. Wenn du glaubst, dass dies unmöglich ist, solltest du deine Übungszeit verdoppeln. Denn dann ist das ein untrügliches Zeichen, dass du dieses Training wirklich nötig hast. Der römische Kaiser und Feldherr Marc Aurel, ein herausragender Vertreter der Stoa, folgte dem Übungsweg auch unter widrigsten Bedingungen im Heerlager der Kriegsgebiete. Gerade diese teils lebensbedrohlichen Situationen förderten tiefe Erkenntnisse zutage, die er in seinen *Meditationen* niederschrieb. Diese sehr persönlichen Erkenntnisse und

Erfahrungen, die durch die Jahrhunderte erhalten blieben, sind ein Schatz, den es zu heben lohnt. Ihre tiefe Weisheit und die berührenden Einsichten in seine Persönlichkeit haben Menschen zu allen Zeiten inspiriert, dem Weg der Stoa zu folgen. Auch deine Erfahrungen im Alltag werden sich als wichtiges Übungsfeld erweisen.

Marc Aurel folgte mit seinen täglichen Schreibübungen dem Rat Epiktets, einem der großen Lehrer der Stoa, der seinen Schülern riet, Dinge, die sie beschäftigten, schriftlich festzuhalten: »Dies sind die Dinge, über die Liebhaber der Weisheit meditieren sollten: Sie sollten sie jeden Tag aufschreiben und sich damit schulen.« (3) Und er fährt fort: »Etwas niederschreiben und wieder lesen. Darüber nachsinnen und auch mit anderen sprechen.« (4) Solche Niederschriften sind ein wichtiger Teil des Übungsweges. Im »Journaling«, der modernen Tagebuch-Methode, die auch in der Psychologie und Persönlichkeitsentwicklung zum Einsatz kommt, findest du diesen Ansatz wieder.

Wie heilsam die Übungen der Stoa sind, konnte ich auf meinem Weg feststellen. Nach und nach gelang es mir, harsche Urteile über meine Mitmenschen und Gefühlsausbrüche zu vermeiden, aus der automatischen, manchmal überschießenden Reaktion in eine mitfühlende, abwägende Haltung zu kommen. Diese Erfahrungen führten dazu, diesem Weg immer weiter zu folgen.

Wir haben stets die Möglichkeit, zu entscheiden, welchen Weg wir einschlagen wollen, wie wir in einer bestimmten Situation reagieren, wie wir mit anderen Menschen umgehen. Die stoische Philosophie bietet einen alltagstauglichen Ansatz, um dein Leben zu verändern. Zu lernen, Dinge, die dich aufregen, nerven und die unveränderlich erscheinen, aus einer anderen Perspektive zu betrachten. Ihnen damit den Stachel zu ziehen und gelassen mit den Herausforderungen umzugehen.

Wenn du diesem Weg mit ganzem Herzen folgst, öffnet sich ein Feld der inneren Gelassenheit, der tiefen Lebensfreude und des Glücks.

Was du von diesem Buch erwarten kannst:
- Tools für deine innere Ausrichtung
- Die Kraft der Gedanken zu nutzen
- Schwierigkeiten besser zu meistern
- Stärkung des Selbstvertrauens
- Mehr Gelassenheit in jeder Lebenslage
- Mehr Klarheit
- Mehr Freude
- Einen Übungsweg zum inneren Frieden
- Fokussierung und Power für den Alltag
- Hindernisse als Weg zu erkennen

I. FINDE DEIN LEBENSZIEL

»*Mach dir zunächst klar, was du sein möchtest; und dann tue, was du tun musst.*« *(5)*

Wenn du dich mit mir auf den Weg machen möchtest, dann brauchst du keine besondere Begabung. Du brauchst den Willen, dir die Frage zu stellen: »Wer bin ich?« Den Mut, in einen Spiegel zu blicken. Dem Stoiker in dir Raum zu geben. Niemand beginnt diesen Weg, wenn ihn nicht die tiefe Sehnsucht nach einem gelasseneren Leben antreibt, um alte Denkmuster und Verhaltensweisen hinter sich zu lassen. Wer möchte nicht in den Krisen und Wechselfällen des Lebens Fels in der Brandung sein, aus Problemen und Schwierigkeiten Kraft und neue Ideen schöpfen, statt sich in diesen zu verlieren. Wäre das nicht großartig? Statt gestresst in den Tag zu starten, gelassen den Herausforderungen und unerwarteten Schwierigkeiten entgegenzutreten. Wenn du nun denkst: »Wie soll das funktionieren?«, sei neugierig. Die Stoa öffnet einen praxisorientierten Weg, eine Art Schritt-für-Schritt-Anleitung, die den Kontakt zu deiner inneren Kraft und Gelassenheit stärkt.

Wenn du dich nun fragst: »Was brauche ich, um zu beginnen?«, dann ist die Antwort denkbar einfach. Weiterlesen und damit den ersten Schritt auf deinem persönlichen Entwicklungsweg machen. Dies ist deine persönliche Entscheidung. Eine Willensentscheidung. Du hast erkannt, dass sich etwas in deinem Leben ändern muss, du fühlst die Notwendigkeit, möchtest nicht so weitermachen. Dein analytischer Verstand hat dies erkannt, dein Gefühl gibt die Richtung vor. Was nun noch fehlt, ist der Wille, es tatsächlich zu versuchen. Das bedeutet keineswegs, dass du dich oder andere zu etwas zwingst. Es ist die tiefe Verbindung mit dir selbst, in der sich der Wille, die Kraft zur Veränderung, manifestieren kann. Eine instinktive innere, unerschütterliche Ausrichtung.

Damit du deine Power, deine Willenskraft wirklich entfalten kannst, brauchst du ein klares Ziel. Was möchtest du sein, wo liegen deine Potenziale, was ist dein Sehnsuchtsort, dein Sinn, dein Warum im Leben? Dieses Ziel gilt es zu entdecken, zu erforschen, in den inneren Spiegel zu blicken und wirklich zu sehen, anzuerkennen, was dir entgegenblickt. Die Fragen zulassen: »Ist das wirklich mein Ziel?«, »Wer bin ich tief in meinem Inneren?«, »Sind das meine ureigensten Ziele oder folge ich tief in mir verankerten Erwartungen und Mustern?«, »Wohin möchte ich gehen?« Diese Fragen, die Menschen seit jeher beschäftigt haben, sind die ersten Schritte in die Gedankenwelt der Stoa.

Was möchtest du sein? Bei Epiktet klingt diese Frage einfach. Wahrscheinlicher ist es jedoch, dass sich, sobald du ein Ziel benennst, gleich ein Zweifler in dir meldet. Es mag sein, dass dein Ziel am Anfang deiner Reise nicht ganz klar ist. Wichtig ist dann, zumindest die Richtung zu kennen. Denn die Frage nach dem Ziel, dem du deine volle Aufmerksamkeit widmen möchtest, ist entscheidend und nicht immer einfach zu beantworten. Eine gewisse Offenheit, Unsicherheit am Anfang deines stoischen Abenteuers zuzulassen, ist sinnvoll.

Vielleicht verbindest du Abenteuer eher mit wagemutigen Exkursionen in abgelegene Weltgegenden. Das größte Abenteuer für die alten griechischen Philosophen war jedoch die Erforschung der eigenen inneren Hindernisse. Jener inneren Widerstände, die dazu führen können, dass du dein Lebensziel immer wieder aus den Augen verlierst.

Wann hast du dir zuletzt die Zeit genommen, einen freien Raum entstehen zu lassen, einfach mal nichts zu tun, nichts zu planen, um dann mit frischen Ideen und klarer Ausrichtung weiterzugehen?

Epiktet war überzeugt: Ist das Ziel klar, ist es eine Frage des Willens, dieses auch zu erreichen. Der Weg findet sich, oft entsteht er auch beim Gehen. Der erste Schritt ist der wichtigste. Dann folgst du der Ausrichtung deiner inneren Kompassnadel. Du wirst in Situationen kommen, in denen du glaubst, deinen Weg verloren zu haben, in denen dein Ziel nur noch verschwommen erkennbar ist. Dann bleibt immer noch deine innere Ausrichtung. Du kannst diese körperlich wahrnehmen. Wenn sie stimmt, wirst du dich wohl in deiner Haut fühlen, eine große Leichtigkeit und heitere Freude spüren. Sei bereit, auf deinen Körper zu hören, er ist ein großartiger Kompass. Die Körperwahrnehmung kann dir helfen, selbst wenn Hindernisse deinen Weg kreuzen.

AN HINDERNISSEN WACHSEN

Im alltäglichen Trubel ist es oft gar nicht so einfach, herauszufinden, wer du sein möchtest und wer du bist. Vielleicht ist dir auch klar, wer du sein willst und was deine Aufgabe in dieser Welt ist. Dann gehst du ein Stück in diese Richtung und ein Hindernis taucht auf. Erste Zweifel kommen. Du bist gezwungen, deinen Plan noch einmal zu überdenken. Deine inneren Stimmen, die Kommentatoren deines Lebens, wittern ihre Chance. Menschen, die dir begegnen, finden deine Idee unsinnig, versuchen, dich von deinem Weg abzubringen. Der Wille, nun weiter voranzugehen, scheint zu schwinden. Ganz plötzlich überkommt dich das Gefühl, dass du auf dem Holzweg bist. Was nun?

Marc Aurel kannte diese Probleme nur zu gut. Er war in seinem Leben mit schwierigsten Entscheidungen konfrontiert und keineswegs immer sicher, ob der eingeschlagene Weg der richtige war. In den *Meditationen* beschreibt er seinen Lösungsweg:

> *»Sonst aber, tritt auch ein Hindernis dir in den Weg, schreite nur besonnen vorwärts, den einmal empfundenen Antrieben folgend und treu dich haltend an das, was dir als das Rechte erschienen ist.«* (6)

Aus Sicht der Stoa geschehen Dinge nicht einfach ohne Grund. Die Ereignisse, denen wir begegnen, sollten immer Anlass sein, genauer hinzusehen. Was bedeutet es wirklich? Besonnen voranzuschreiten, wie Marc Aurel schreibt, heißt, noch einmal zu prüfen, ob der Weg auch der richtige ist. Dich nicht irremachen zu lassen von deinen kritischen inneren Stimmen. Dich nicht durch Bemerkungen deiner Freunde und Familie von deinem Weg abbringen zu lassen. Aber nimm die auftauchenden Schwierigkeiten zum Anlass, mit dir selbst in innere Fühlung zu treten. Noch einmal liebevoll und neugierig zu prüfen, ob deine Ausrichtung deinem inneren Kern entspricht.

Dieses Buch ist ein Übungsbuch, das dich begleiten soll, gerade dann, wenn Hindernisse und Schwierigkeiten auftauchen. An Problemen zu wachsen, ist eine Grundhaltung der Stoa und von unerwarteter Aktualität. Ihre Art, Schwierigkeiten zu begegnen, würden wir heute als Methoden zur Verbesserung der Resilienz bezeichnen. Mit diesem Begriff aus der Stress- und Traumaforschung beschreibt man die Fähigkeit, gut mit schwierigen und traumatischen Veränderungen umgehen zu können, ohne lange darunter zu leiden. Rasch wieder bei sich selbst anzukommen, in einer gelassenen inneren Haltung, unabhängig von äußeren Faktoren. In modernen Studien zu Persönlichkeitsentwicklung finden sich Anleitungen, die den 2000 Jahre alten Texten der Stoa gleichen. Sie bestätigen die griechischen Philosophen, die beschrieben, dass starke Ängste, depressive Stimmungen und Antriebslosigkeit das Leben der meisten Menschen formen. Gleichzeitig formulierten sie die Übungswege, um diese Probleme in den Griff zu bekommen, mit den Fallstricken und Hindernissen des alltäglichen Lebens besser zurechtzukommen.

Ein wichtiger Aspekt war es, in den Schwierigkeiten, die uns begegnen, eine Chance zu sehen. Wir wissen heute, dass diese Grundhaltung wesentlich dazu beiträgt, gesund zu bleiben, sich wohlzufühlen und ein glückliches Leben zu führen. Griesgrämig in allem nur Probleme zu erkennen, verbessert die Situation nicht. Es braucht eine willentliche Ausrichtung, immer wieder in den Spiegel zu sehen, sich selbst zuzuhören und die innere »Meckerliesel« gelassen zu betrachten. Das klingt einfach. Doch oftmals erscheint diese pessimistische Grundhaltung so tief in dir verankert zu sein, dass sie dir gar nicht mehr auffällt. Dann hilft es, den inneren Kritiker neugierig zu beobachten, aber seinen Worten kein Gewicht beizumessen.

Die Stoiker führten keine evidenzbasierten, doppelt verblindeten Versuchsreihen durch, wie es die heutige Forschung erfordert, um objektive Erkenntnisse zu gewinnen. Für sie ging es um ein glückliches, sinnvolles und gelassenes Leben, eine der tiefsten Lebensfragen. Sie trugen ihre Erkenntnisse aus Beobachtungen des Alltags zusammen, aus den Gesprächen und Diskussionen, die sie in den Säulenhallen (Stoa) in Athen führten. In diesen offenen Räumen fand der philosophische Unterricht und Austausch statt. Ein Unterricht in Lebensweisheit, an dem sich jeder beteiligen konnte.

Doch auch der längste und spannendste Weg beginnt mit dem ersten Schritt. Der Erkenntnis, dass du die Lebensweisheit der Stoa für dich nutzen möchtest. Womit also beginnen? Es ist wichtig, am Anfang dein Ziel ins Auge zu fassen. Was möchtest du mit diesem Buch erreichen, mit diesem Weg? Mag sein, dass das Buch selbst dein Weg ist und du erst am Ende genauer erkennen kannst, wohin es dich geführt hat. Es lohnt sich aber, einen kleinen Selbstversuch durchzuführen. Es gibt sehr einfache Möglichkeiten, zu prüfen, ob dein Ziel, deine Vorstellung von dem, der du werden möchtest, wirklich deine innere Ausrichtung widerspiegelt.

FINDE DEIN VORBILD

Der erste Schritt: Nimm ein Blatt Papier oder besser ein leeres Notizbuch und setze dich an einen ruhigen Ort, drinnen oder draußen. Trage einen Termin mit dir selbst in den Kalender ein. Schalte Ablenkungen aus, schließe die Türe und nimm einen Timer mit. Du solltest dir etwa eine halbe Stunde Zeit gönnen. Schreibe nun auf, wer du sein möchtest, was dein Ziel ist und wie du es erreichen möchtest.

Übung

Stelle dir selbst diese Frage: »Wer möchte ich sein, was ist mein Ziel, mein größter Wunsch, mein größter Traum?« Halte kurz inne und lass die Frage wirken. Dann beginne mit dem Schreiben.
Schreibe einfach, kümmere dich nicht darum, ob alles, was du schreibst, logisch erscheint. Korrigiere dich nicht. Schreibe fünf Minuten lang, ohne Unterbrechung.
Danach mache eine Pause. Trinke etwas oder gehe ein paar Schritte. Dann schreibe weiter. Schreibe, wen du sehr bewunderst, wer dein Vorbild ist. Welche Taten, welche Eigenschaften du

besonders bemerkenswert findest. Kümmere dich auch hier nicht darum, ob alles stringent ist. Schreibe wieder fünf Minuten. Nun vergleiche die beiden Niederschriften. Umkreise die ähnlichen und gleichen Begriffe. Je ähnlicher deine Ziele und dein Vorbild sind, desto klarer kannst du dein Ziel anvisieren. Deine Vorbilder sind solche, die zu deiner inneren Ausrichtung passen und zu deinem Weg.

Weitaus häufiger wirst du wahrscheinlich große oder kleine Unterschiede finden. Was dann? Schau dir noch einmal an, was sich auf dem Papier an Ideen, Gefühlen und Vorstellungen manifestiert hat. Betrachte genau, was dich an deinem Vorbild inspiriert. Manchmal erscheinen die Fähigkeiten einer Person ebenso verlockend wie unerreichbar. So kann der Unterschied zwischen deinen Zielen und deinem Vorbild entstehen. Dann sieh genau hin. Führt es ein Leben, das erstrebenswert ist? Würde es dich glücklich machen, so zu leben? Versuche, dich in die andere Perspektive einzufühlen. Ist diese Person tatsächlich ein Vorbild für dein Handeln und Leben? Versinnbildlicht sie dein inneres Ziel? Ist die Person berühmt, frage dich, ob du auch berühmt sein möchtest? Sind es Reichtum, Glanz, Publicity, die dich blenden? Wärst du gerne eine berühmte Influencerin mit vielen Followern? Überlege nun, ob du das wirklich sein möchtest. Ob das ein Weg zu dauerhaftem Glück, zu tiefer Gelassenheit sein kann?

Prüfe genau, was dies nach sich zieht. Glanz und Ruhm sind oft schnell verflogen. Was einfach erscheint, ist meist harte Arbeit. Ist es die vermeintliche Mühelosigkeit, die dich anzieht? Oder hast du eine innere Agenda entdeckt, etwas, das du mit anderen teilen möchtest? Wissen, das du weitergeben möchtest, besondere Talente, die du hast. Dann ist dies dein Weg. Wenn du nun nicht mehr ganz sicher bist, ob dein Vorbild wirklich einer inneren Sehnsucht entspricht, dann versuche es erneut. Halte inne. Suche nach Vorbildern, die Eigenschaften verkörpern, die wesentlicher sind. Menschen, die dich tief inspirieren. Die innere Qualitäten besitzen, die länger tragen als der kurze Ruhm eines viral gegangenen Videos, so cool dies auch sein mag. Vielleicht spricht dich mehr die Gelassenheit eines Dalai-Lama, die visionäre Kraft und Dynamik eines Steve Jobs, die charismatische Ausstrahlungskraft eines Schauspielers, der Mut eines Start-up-Gründers oder die Arbeit für Ärzte ohne Grenzen an.

Die Stoiker fanden, dass es sehr hilfreich sei, ein inneres Vorbild zu haben, um den Widrigkeiten des Lebens begegnen zu können. Das erleichtert deinen eigenen Weg, bestätigt deine innere Ausrichtung.

Doch auch wenn dein zweiter Versuch scheitert, ein Vorbild zu finden, zu dem du dich innerlich hingezogen fühlst, ist dies kein Problem. Wenn du dich zum ersten Mal in deinen kleinen zeitlichen Freiraum setzt, kann es einfach sein, dass du noch keine passende Person entdeckst, die in dir das Gefühl der harmonischen Übereinstimmung auslöst.

Wenn das der Fall ist, dann schau deinen Text noch einmal an. Suche dort und in deinem Inneren nach Eigenschaften, die du erreichen möchtest, die du als hilfreich und unterstützend empfindest. Grundhaltungen, die dir eine positive Ausrichtung auf deinem Weg ermöglichen, zum Beispiel Weisheit, Güte, Stärke, Gelassenheit, Kreativität, Freude, Hilfsbereitschaft, Mitgefühl, Liebe. In der griechischen Sprache der Stoiker wurden solche Eigenschaften *areté* genannt. Ein Begriff, der mit »Tugend« übersetzt werden kann und eine tiefe Ebene des unzerstörbaren Guten in dir selbst umfasst. Schreibe diese Begriffe auf und streiche danach alle, die negative Aspekte beinhalten. Dann bleiben die Vorbilder und Begriffe übrig, die dir helfen, eine neue, positive Ausrichtung deiner Gedanken und Ziele zu versinnbildlichen. Wenn du dir diese immer wieder ins Gedächtnis rufst, wird sich deine innere Ausrichtung verändern, die für die stoischen Philosophen sehr wichtig war. Genauso wichtig wie der Blick in den inneren Spiegel, um deine Reaktionen immer besser kennenzulernen. Nur so kannst du deinen Weg gehen und dich Stück für Stück aus den automatischen, erlernten Reaktionsmustern lösen.

Der philosophische Übungsweg der Stoa ist kein Weg, der zu einem bestimmten Zeitpunkt endet. Es ist eine innere Haltung, die dich dein ganzes Leben begleiten wird, um glücklich und gelassen zu sein. Ist das nicht ein verlockendes Ziel? Nun hast du deine ersten Ziele und Vorbilder gefunden. Wichtig ist, nicht enttäuscht zu sein, wenn in der ersten Begegnung mit deinem inneren Raum keine bahnbrechenden Erkenntnisse auftauchen. Wähle einen positiven Begriff aus deiner Liste, der sich stimmig anfühlt, das ist wichtiger als eine großartige Vision. Folge deinem inneren Ziel und nicht Vorstellungen, wie es sein sollte. Die Weisheiten der Stoa gelten unverändert, was auch psychologische Studien belegen. Es geht aber nicht darum, die tiefsinnigen und inspirierenden Texte nur zu lesen, denn so veränderst du dich in den seltensten Fällen.

»Erkläre deine Philosophie nicht. Verkörpere sie.« (7) Lebe deinen Weg, dann wirst du dich verändern. Die Erkenntnisse der Stoa werden dich begleiten. Erfahrbar und erlebbar sein. In der Forschung gibt es inzwischen Studien, die belegen, dass wir unsere Welt beeinflussen. Du kennst das sicher: Die Menschen in deinem Umfeld spüren instinktiv, wenn du sauer bist und verhalten sich entsprechend. Dies funktioniert natürlich auch, wenn du dich in positiver Weise veränderst. Dein Umfeld wird ebenfalls gelassener. Was Epiktet elegant zusammenfasste, könnte man auch einfach so formulieren: Keine langen Reden schwingen, sondern mutig starten. Das bedeutet nicht mehr und nicht weniger, als jeden Tag als einen wirklich neuen zu begrüßen. Jeden Tag einmal an dein Ziel zu denken. Diesem mit frischem Geist zu begegnen, gut vorbereitet, um gelassen auch den unerwarteten Wendungen des alltäglichen Lebens begegnen zu können. Wie das gelingen kann, wird sich bei der Lektüre dieses

Buchs für dich erschließen. Nun hast du dir Gedanken darüber gemacht, was dein Ziel ist. Für diesen Tag. Damit das aber nicht nur papiergewordene Theorie bleibt, solltest du regelmäßig ein paar Minuten investieren.

UMGANG MIT INNEREN WIDERSTÄNDEN

Vermutlich wird rasch eine innere Stimme auftauchen, die dich fragt: »Was soll das werden?«, »Wozu soll ich das tun?«, »Wäre es nicht schöner, jetzt ein Eis zu essen?« Dann bist du gerade deinem inneren Kritiker begegnet. Jetzt ist es wichtig, diese kleinen Fluchten zu erkennen. Denn dieser innere Schweinehund behauptet, dass man heute nicht üben sollte, dass es weitaus wichtigere Dinge zu erledigen gäbe. Gib nicht auf. Lade den Kritiker zur Mitarbeit ein. Wenn du mit einem besonders einflussreichen, vielleicht perfiden inneren Schweinehund zusammenlebst, kann dir die folgende Übung helfen, besser mit ihm zurechtzukommen. Auch für die Stoiker war die Beschäftigung mit inneren Anteilen eine der wichtigsten Übungen.

Übung
Setz dich entspannt hin und schließe kurz die Augen. Finde erst einmal heraus, was deinen inneren Widersacher bewegt. Es wäre nicht überraschend, wenn du ihn dir noch nie näher angesehen hast. Nutze nun den Augenblick, da er sich dir so klar zeigt. Lerne ihn kennen. Stelle ihm die Frage: »Was brauchst du, was willst du von mir?« Auch wenn es dir albern erscheint: Stelle dir deinen inneren Schweinehund bildlich vor, sieh ihm in die Augen und frage ihn. Lass dir Zeit. Je plastischer er vor dir erscheint, desto besser kannst du mit ihm umgehen. Lass das Bild entstehen, völlig gleichgültig, welche Gestalt sich entwickelt. Für manche stellt sich ein menschliches Wesen ein, andere sehen wundersame

Figuren, Tiere oder etwas aus der Natur. Alles, was sich für dich entwickelt, hat seine Berechtigung, und du solltest es betrachten und annehmen. Dann stelle ihm die Frage, wie du ihn unterstützen kannst. Lasse diese Frage einen Augenblick wirken. Dann setze dich auf einen gegenüberliegenden Platz. Schließe wieder kurz die Augen. Wiederhole innerlich die Frage: »Was brauchst du, was willst du von mir?« Versetze dich in die Perspektive deines inneren Schweinehundes. Fühle dich in ihn ein, werde dein Widersacher und antworte dann. Korrigiere nichts, nimm die Antwort, die so entsteht, einfach an. Setze dich dann wieder zurück auf deinen ursprünglichen Platz und lasse die Antworten wirken. Oft ist es so, dass dieser innere Widersacher dich beschützen möchte. Er fühlt, etwas wird sich verändern, und ist ängstlich. Ganz gleich wie schwierig deine Lebenssituation sein mag, dieser innere Teil von dir möchte lieber dort bleiben, wo er gerade ist, selbst wenn ihr beide leidet. Wenn dies so sein sollte, dann braucht er deine Unterstützung, deine Liebe, deine Gelassenheit. Er ist ein Teil von dir, der dir möglicherweise bisher nicht besonders gefallen hat. Nun begegnest du ihm, das heißt dir, auf Augenhöhe. Schaue deinen inneren Widerstand an. Schaue der Gestalt, die du ihm gegeben hast, wieder in die Augen. Dann gib ihm, was er benötigt. Gib ihm Liebe, lasse ein goldenes Licht der Liebe zu ihm fließen, oder gib ihm Sicherheit, sage ihm, dass du gut auf dich achten wirst, dass er sich nicht vor dich stellen muss, um dich zu schützen.
Dann frage ihn, was er zu deinem Weg beitragen möchte. Setze dich wieder auf den anderen Platz und fühle, was dies sein wird. Diese inneren Anteile besitzen und binden eine große Kraft. Wenn sie dir zur Verfügung steht, da dein innerer Schweinehund nun an deinem Weg teilnehmen wird, dann kannst du schneller vorankommen. Meist verschwindet dieser Anteil nicht sofort und vollständig. Wenn du wieder an eine solche innere Grenze stößt, wiederhole die Übung einfach. Wenn dir dies immer wieder gelingt, wird dieser Teil von dir harmonisch integriert. Er wird ein untrennbarer, nicht mehr als fremd empfundener Teil von dir. Er funkt kein Störfeuer mehr, wenn du neue Wege gehst. So kannst du immer kraftvoller deinem Weg folgen.

Diese Forschungsreise zu deinem inneren Widerstand mag dir ungewöhnlich vorkommen. Es ist eine Reise zu dir selbst, ein Treffen mit deinen inneren Anteilen. Die Stoiker nannten sie Dämonen, was auch »Wächter« und »Beschützer« bedeutet.

> »Wenn du jedoch die Türen nach draußen schließt und es dunkel wird, sage niemals du seist allein, denn das bist du nicht. Das Göttliche ist in dir wie auch dein Dämon. Diese brauchen kein Licht, um zu sehen, was du tust.« (8)

Dass man mit sich selbst Zwiesprache halten kann, hatten auch die Stoiker schon entdeckt. Dass es innere Anteile gibt, die dich behindern, aber auch fördern können. Die faszinierende Entdeckung, dass du mit dem inneren Schweinehund sprichst, du der innere Schweinehund bist und gleichzeitig ein Teil von dir weiß, dass dies alles eine Übung ist. Mit der du in Kontakt mit dir kommst, mit deinen offensichtlichen und deinen verborgenen Anteilen, deinen inneren Dämonen.

Auch die Philosophin Hannah Arendt (9) war der Ansicht, dass dieser innere Dialog der verschiedenen Anteile sehr erhellend sein könne. Bewusst genutzt kann man so tiefgründige Gespräche mit sich selbst führen, eine Fähigkeit, die nur der Mensch besitzt. Dies wirft die spannende Frage auf, wer du wirklich bist. Was hinter all diesen Teilen steckt. »Wer bin ich und wenn ja, wie viele?«, wie es der Philosoph Richard David Precht formulierte (10). Auf die Suche danach machst du dich gerade mit ersten kleinen Schritten. Wenn du den inneren Dialog führst, dich dazu entschlossen hast, weiterzugehen, ganz gleich, welcher Teil federführend war, dann bist du eben deiner Willenskraft begegnet. Denn ohne die Entschlossenheit, den Willen, wärst du nicht imstande, dir entgegenzutreten, dich mit deinen Anteilen auseinanderzusetzen.

DEN WILLEN STÄRKEN

Was ist diese Willenskraft? Wie kannst du sie nutzen, sie verstärken und für das Ziel deiner Entwicklung einsetzen? Hinter dem Willen steht eine Intention, eine Kraft, eine Entschlossenheit. Wille braucht ein Ziel, eine Ausrichtung. Für die meisten Menschen gehören dazu auch Disziplin und die Bereitschaft, Hindernisse zu überwinden. Um aus der vollen Kraft des Willens zu schöpfen, bedarf es des Glaubens an dich selbst. Dass deine inneren Anteile gemeinsam wirken. Daran, dass du deine Terminabsprachen mit dir einhalten wirst. Dieser Glaube an deine innere Kraft ist sehr wichtig. Wenn du überzeugt bist, dass du den Willen besitzt, jeden Tag zu üben, dann wirst du auch die Disziplin aufbringen, dies zu tun. Disziplin klingt für viele Menschen nicht sehr einladend, militärisch und wenig zeitgemäß. Doch wenn du dein Ziel, ein gelassenes Leben zu führen, wirklich erreichen willst, dann brauchst du Willenskraft und Disziplin. Hindernisse werden sich dir in den Weg stellen. Mit den Techniken der Stoa und regelmäßigem Training werden diese zu Quellen deines Erfolgs und deines Fortschritts.

Nimm dein Notizbuch noch einmal zur Hand. Was ist der nächste Schritt? Wie kannst du deinem großen Ziel näherkommen? Lass diesen Gedanken kurz wirken. Für den Übungsweg wirst du etwas Kostbares einsetzen müssen, um reichlich belohnt zu werden: deine Zeit. Schreibe auf, wie dein Tag am Morgen beginnt und wie er am Abend endet. Für die täglichen Treffen mit dir selbst solltest du morgens und abends 15 bis 30 Minuten einplanen. Das kann bedeuten, dass du früher aufstehen musst. Wunderbar lassen sich die Übungen am Morgen auch nach einer kleinen Sporteinheit durchführen.

Betrachte nun deine abendlichen Gewohnheiten. Die Übungen der Stoa sind besonders geeignet, sich noch einmal mit den Ereignissen des Tages auseinanderzusetzen. Diese zum Abschluss zu bringen, um sich von ihnen zu lösen. Deshalb ist die Zeit kurz vor dem Zubettgehen besonders für diese Reflexionen geeignet. Und als segensreiche Nebenwirkung führen sie zu einem harmonischeren Übergang in den Schlaf. Solltest du unter Schlafstörungen leiden, sind diese Übungen ein probates Heilmittel.

Schließe einen Vertrag mit dir selbst, um einen Freiraum zu schaffen. Eine Zeit, die unantastbar und ohne äußere Verpflichtungen ist: deine »Forschungszeit«. Es braucht Willenskraft, diesen Vertrag umzusetzen. Zu handeln, nicht nur darüber zu sinnieren, was getan werden muss. Die kleinen Fluchten zu erkennen. Wenn es schwierig wird, wenn dir innere Widerstände begegnen, wirst du immer besser in der Lage sein, diese für deine Entwicklung zu nutzen, um dich besser kennenzulernen. Die Übung zum Umgang mit dem inneren Schweinehund kann hier besonders hilfreich sein.

Wenn du täglich immer zur gleichen Zeit übst, dann hast du den ersten Schritt zu einem persönlichen Ritual gemacht. Menschen sind Gewohnheitstiere, deshalb haben Rituale eine große Kraft. Allein durch den immer gleichen Zeitpunkt deiner Übungen kannst du deine innere Kraft stärken. Du lernst, wie du immer einfacher aus den festzementierten Bewertungen und deinen inneren Kritikschleifen aussteigen kannst. Wer deine Ritualzeit stören möchte, muss gute Gründe vorweisen.

Rituale sind wichtige Anker in einem Prozess der Veränderung, den du gerade beginnst. Schaffe dein eigenes Ritual, das dir einen Raum erschließt, in dem Veränderung möglich ist. Das kann ein besonderer Platz sein, an dem du Ruhe findest, oder einfach ein Gegenstand, den du betrachtest. Oder die immer gleichen Worte, mit welchen du deine Reflexionen einleitest. Rituale schaffen eine freudige Leichtigkeit, die sie zu wertvollen Begleitern auf deinem Weg zum Stoiker machen. Jeden Tag ein Treffen mit dir selbst. Jeden Tag dem Ziel ein Stückchen näherkommen. Wenn du diese Übungen einige Wochen durchführst, dann wirst du sie vermissen, wenn du sie tatsächlich einmal ausfallen lassen musst. Disziplin und Rituale stärken deine Willenskraft, die dir hilft, wenn Schwierigkeiten auftreten.

Wie anregend oder langweilig dir etwas erscheint, hängt maßgeblich von dir selbst ab. Ein einfaches Beispiel: Stell dir vor, du willst einen Raum unverplanter Zeit für dich schaffen. Um gezielt zu entspannen, einfach nur zu sein. Um kreative, neue Ideen zu entwickeln. Wenn du etwas so formulierst, dann kannst du die Energie, die in diesem Raum für dich zur Verfügung steht, sofort wahrnehmen. Neugierig und gelassen nichts zu tun, nichts zu erwarten, mit dem Willen, in diesem Augenblick nur da zu sein. Wach und neugierig, ohne Anforderungen.

Wie anders fühlt es sich dagegen an, wenn du eine Zeit lang einfach nur rumhängst, nichts willst. Langeweile kommt auf, Frustration, Sinnlosigkeit. Daher ist es wichtig, Freiräume nicht einfach geschehen zu lassen, sondern, wenn diese sich auftun, auch zu nutzen. Bewusst faul zu sein. Dann wirst du gestärkt aus der kleinen Auszeit hervorgehen.

Körperliche Beschwerden oder äußere widrige Umstände kannst du mithilfe des Willens überwinden. Alles, was dir begegnet, solltest du so betrachten, dass du den größten Nutzen daraus ziehen kannst. Die Welle an Hindernissen und unerwarteten Ereignissen muss dich nicht überrollen, du solltest sie reiten. Die stoische Philosophie ist dein Surfboard.

> *»So ist Krankheit ein Hindernis des Körpers, nicht des Willens, insofern dieser sie nicht selbst dazu macht. Hinken ist ein Hindernis des Beines, nicht des Willens. Sage dir das bei allem, was sich für dich ereignet, so wirst du finden, dass die Ereignisse stets etwas anderes tun, als dich hindern.« (11)*

Wie Epiktet hier beschreibt, sind Probleme nicht dazu da, um uns wütend zu machen, zu verzweifeln, anderen die Schuld daran zuzuschreiben. Probleme und Hindernisse werden es immer wieder in dein Leben schaffen, sich dir in den Weg stellen. Krankheiten sind hier sicher die größte Herausforderung. Aus der Sicht der Stoa geht es nicht nur darum, wieder gesund zu werden. Es gilt, eine neue Sichtweise zu entwickeln. Wenn du erfahren musst, dass dein Leben nicht mehr so weitergehen kann wie bisher, musst du neue Wege finden. Damit du ein zufriedenes und glückliches Leben führen kannst, unabhängig vom Verlauf deiner Erkrankung oder den Widrigkeiten des Alltags.

Hier hilft der Wille als innere Kraft, dir deine Ziele immer wieder klar vor Augen zu führen. Mag eine Erkrankung deine bisherigen Lebensstrategien auch über den Haufen werfen, so kann sie auch den Blick auf dein Leben verändern. Du kannst besser erkennen, was für dich im Leben wirklich wichtig ist. Epiktet beschreibt, wie er mit seiner Behinderung umging. Diese konnte ihn nicht daran hindern, seinen Weg zu gehen. Die Schwierigkeiten, denen er begegnete, betrachtete er als Übung. Die tiefe Erkenntnis, dass man am Ende nie weiß, wozu etwas gut ist, mag trivial klingen und enthält doch eine tiefe Wahrheit.

Über das Leben von Epiktet ist wenig bekannt. Er war Sklave des Epaphroditus. Wer weiß, ob er freigelassen worden wäre, wenn er nicht eine Beinverletzung erlitten hätte. In den überlieferten Schriften wird berichtet, dass sein Besitzer ihm wohl das Bein zertrümmert hat. Dieser unglaubliche und schmerzhafte Vorfall konnte Epiktet jedoch nicht seine Gelassenheit nehmen. Später beschrieb er sie als eine willentliche Entscheidung. Dieser Weg steht dir ebenfalls in jedem Augenblick offen. Dazu brauchst du den Mut, deine Situation nüchtern zu betrachten. Es liegt an dir, wie du damit umgehst.

Diese Erkenntnis kann dir helfen, die richtigen Entscheidungen zu treffen. Was dich heute behindert, kann dir morgen ermöglichen, deinen eigenen Weg endlich zu beginnen. Der inneren Stimme deines Herzens Raum zu geben und dann beherzt weiterzugehen. Der Weg zur Gelassenheit hat viele Tore, eines ist die innere Haltung. Epiktet folgte seiner inneren Agenda, seiner Liebe zur Philosophie, die für ihn nicht nur reine Theorie, sondern eine Anleitung zum glücklichen Leben war. Ein Weg der Weisheit, die sich in jeder Handlung im Alltag niederschlug.

Klappe dein Notizbuch für heute zu. Nimm dein Vorbild und damit die Eigenschaften und Ziele, die dir wichtig erscheinen, mit in den neuen Tag. Allein dadurch verändert sich in deinem Gehirn schon eine kleine Leitungsbahn. Inzwischen wissen wir, dass viele Übungen unsere Vernetzungen im Gehirn verändern. Ändern wir unsere innere Haltung, unsere Einstellungen, bewegen wir uns mehr, dann entstehen neue Leitungsbahnen. Unser Gehirn ist viel anpassungsfähiger, als wir früher dachten. Diese Neuroplastizität, die Anpassung an wechselnde Anforderungen, können wir sehr gut nutzen, um aus schwierigen Erfahrungen und eingefahrenen Reaktionsmustern nachhaltig auszusteigen.

Epiktet war sich, auch ohne differenzierte neurophysiologische Forschungen, sicher, dass es wichtig ist, den eigenen Willen zu stärken, um seine Fähigkeiten zu entwickeln: »Äußere Ereignisse liegen nicht in meiner Macht, wohl aber der Wille.« (12)

Finde in dir die Klarheit und den Mut, deinen Weg zu gehen. Lass dich nicht von äußeren Dingen beirren. Versuche nicht, etwas zu verändern, das du nicht beeinflussen kannst, sondern konzentriere dich auf das, was du ändern kannst. Dafür kannst du deinen Willen einsetzen. Dann kannst du Entscheidungen auf einer vernünftigen, geerdeten Basis treffen, ein außerordentlich hilfreiches Element der stoischen Philosophie.

II. DENKEN: DIE KRAFT DER VERNUNFT

»Wie lange willst du es noch aufschieben,
dich der besten Güter wert zu achten und in nichts
mehr unvernünftig zu handeln?« (13)

Für Marc Aurel, wie auch für andere Stoiker, war es sehr wichtig, Entscheidungen auf der Basis nachvollziehbarer, vernünftiger Überlegungen zu treffen. Vernünftig zu entscheiden bedeutete dabei keineswegs, einfach nur nüchtern und analytisch vorzugehen. Es war ihre innere Grundhaltung, um im Einklang mit der Natur sinnvolle Entscheidungen zu treffen. Das bedeutet, vor einer Entscheidung die verschiedenen Aspekte gut abzuwägen.

Heute wissen wir, dass es sehr hilfreich ist, eine Situation zunächst einmal von allen Seiten zu betrachten, sich nicht von oberflächlichen Emotionen leiten zu lassen. Wunderbare Einsichten, nur leider ändert sich mit wohlklingenden Aphorismen dein Verhalten noch nicht. Wie kannst du den Schatz des vernünftigen Denkens heben?

Der erste Schritt besteht darin, keine vorschnellen Urteile zu fällen, selbst wenn diese spontan verlockend und schlüssig erscheinen. Die intuitiven Anteile des Fühlens und Denkens sind oft hilfreich, wenn wir schnell etwas entscheiden müssen, beispielsweise wenn wir in Gefahr sind. Dann wäre es grob fahrlässig, erst einmal abzuwägen, ob du dich fressen lässt oder doch besser fliehst. Deshalb ist in unserer Neurobiologie der schnelle Weg über archaische Hirnregionen wie die Amygdala gebahnt, die unser Überleben sichert. Die Amygdala, die ihren Namen »Mandelkern« ihrer Form verdankt, ist Teil des limbischen Systems. Dieses ist für die Verarbeitung von Gefühlen zuständig und steuert so unsere spontanen Reaktionen. Intuitive Gedanken werden häufig ebenfalls über diese Leitungswege gebahnt. Sie unterliegen stärker Impulsen aus den vielen Nervengeflechten im Körper. Dem Bauchhirn mit seinen Millionen von Nervenzellen und auch dem Herzen, das ebenfalls viele Impulse zu unserem Erleben beiträgt. Umgangssprachlich findet dies seinen Ausdruck in Sätzen wie »aus dem Bauch« oder »mit dem Herzen« entscheiden. Die dort vorhandenen Erfahrungen und emotional gefärbten Erinnerungen machen große Teile unserer intuitiven, schnellen Reaktionen aus. In einem Sekundenbruchteil lassen sich komplexe Zusammenhänge erkennen. Die Reaktion erfolgt unmittelbar auf den Reiz und ist messbar schneller als über die Leitungsbahnen zum Frontalhirn. Während dieses noch darüber sinniert, ob das längliche Gebilde auf dem Weg ein Stock oder eine Schlange ist, hat der schnelle archaische Weg uns schon zur Seite springen lassen. Dies ist in manchen Situationen überlebenswichtig, allerdings leider keineswegs immer hilfreich.

Diese Reaktion erfolgt auch, wenn etwas emotional aufwühlend erscheint. Hier ist keine wirkliche Gefahr im Verzug, deine Entscheidungsfreiheit wird jedoch nachhaltig eingeschränkt. Denn du reagierst mit einem erlernten Muster, ohne nachzudenken. Ohne dir die Frage zu stellen, ob diese Reaktion dem Anlass angemessen ist. Du spürst, wie dein Blutdruck steigt, wenn du zum Beispiel eine Frage deines Chefs nicht beantworten kannst. Innere Unruhe stellt sich ein, das Gefühl, dich verteidigen zu müssen. Du gehst in den Kampfmodus. Im Alltag kann dich eine harsche Reaktion in eine schwierige, sozial schlecht verträgliche Situation bringen. Sie macht dich angreifbar. Wie viel einfacher wäre es, eine abwägende Haltung einzunehmen. Die Situation rational zu analysieren, festzustellen, dass keine reale Gefahr besteht, um dann aus dieser Stärke heraus eine kreative Lösung zu finden. Vielleicht auch nur ganz gelassen zu äußern: »Ich werde das klären.«

Wie kannst du dahin gelangen?

SCHNELLES UND LANGSAMES DENKEN

Sinnvoll ist es, beim tiefen analytischen Denken anzusetzen. Wenn du nicht gerade mathematische Probleme löst oder versuchst, eine wissenschaftliche Analyse deiner Situation zu machen, treiben deine Gedanken einfach vor sich hin. Diese Form des unangestrengten Gedankenstroms hat erhebliche Nachteile. Zum einen verbraucht sie Energie, die du für etwas anderes nutzen könntest, zum anderen bleibst du in diesen Gedankenspiralen gefangen. So gewinnt in schwierigen Situationen wieder das schnelle, intuitive Denken. Im Zweifelsfall wirst du Opfer antrainierter Reaktionsmuster, die von den archaischen Gehirnanteilen gesteuert werden.

Denn nicht nur echte oder vermeintliche Gefahren lösen archaische Reflexe aus. Auch das Denken folgt oft vorgebahnten, schnellen, vermeintlich besseren Reaktionen. Neue Lösungen, analytisches Denken oder tiefe innere Gelassenheit haben es dann schwer. Der Kognitionspsychologe Daniel Kahneman hat bestechende Versuche zum schnellen, intuitiven und langsamen, analytischen Denken gemacht (14). Hier als Beispiel aus seinem Buch eine kleine Übungsaufgabe, die er Collegestudenten stellte:

»Nehmen wir folgende einfache Denkaufgabe. Versuchen Sie nicht, sie zu lösen, sondern vertrauen Sie Ihrer Intuition: Ein Schläger und ein Ball kosten 1,10 Dollar. Der Schläger kostet einen Dollar mehr als der Ball. Wie viel kostet der Ball? Ihnen fällt eine Zahl ein. Die Zahl ist selbstverständlich 10, nämlich 10 Cent. Die charakteristische Besonderheit dieser leichten Denkaufgabe besteht darin, dass sie eine Antwort nahelegt, die intuitiv verlockend und falsch ist. Berechnen Sie es, und Sie werden es sehen. Wenn der Ball 10 Cent kostet, dann betragen die Gesamtkosten 1,20 Dollar (10 Cent für den Ball und 1,10 Dollar für den Schläger), nicht 1,10 Dollar. Die richtige Antwort lautet 5 Cent. Mit Sicherheit fiel die intuitive Antwort auch denjenigen ein, die schließlich auf die richtige Zahl kamen – es gelang ihnen, sich der Intuition zu widersetzen.«

Das bedeutet, dass die schnelle, intuitive Lösung immer zuerst aufpoppt. Deiner Intuition zu folgen, muss keineswegs falsch sein. Allerdings sollte, gerade in Situationen, die schwierig sind, wenn Probleme auftauchen, eine kritische Prüfung erfolgen. Ist die Lösung, die so suggestiv richtig erscheint, wirklich geeignet, das Problem zu lösen? Diese Überprüfung wirst du oft als anstrengend empfinden. In Kahnemans Buch finden sich viele weitere Beispiele dafür, wie uns das »faule« intuitive System in die Irre führen kann.

Etwas anschaulicher stellt Jonathan Haidt in seinem Buch *The Happiness Hypothesis* (15) dieses Phänomen anhand der Metapher von Elefant und Reiter vor. Du kannst dir diesen kontinuierlichen

Strom an Gedanken und intuitiven Einfällen wie einen ungezähmten Elefanten vorstellen. In kritischen Situationen bricht dieser ohne die Führung des Reiters, deiner Vernunft, durchs Unterholz und richtet Schaden an. Es braucht also den bewussten Einsatz deines Verstandes, um Herr des unaufhörlichen Gedankenstroms und der oftmals vermeintlich besseren Lösung zu werden. Dein Reiter muss den Elefanten lenken. Du kannst ganz bewusst entscheiden: Ist dieser intuitive Gedanke eine bisher nicht in Betracht gezogene kreative Lösung, oder will mein Verstand sich nicht die Mühe machen, wirklich abzuwägen und zu überlegen. Nachdenken verbraucht tatsächlich sehr viel Energie, 20 Prozent deiner Gesamtenergie.

Mithilfe der Stoa gelingt es, den Verstand zu trainieren. Du lernst zu erkennen, wann es wichtig ist, eine Situation kritisch zu untersuchen. Dann kann sich deine Entscheidung verändern, und als Folge wird die Vernunft, als Reiter, den Elefanten immer besser leiten können. Dies ist ein gemeinsamer Trainingsweg, und am Ende verändern sich beide. Der Elefant wird nach und nach anderen Wegen folgen, aussteigen aus dem Trampelpfad der Denkgewohnheiten.

Heute verstehen wir unter intuitiven Gedanken eher die schnellen, manchmal nicht zutreffenden Lösungsvorschläge unseres Geistes. Ursprünglich beschrieb der lateinische Begriff *intuere* (genauer hinschauen) ein eher kontemplatives Betrachten. Dies entspricht durchaus dem stoischen Verständnis des Denkens. Durch Nachdenken gewinnst du neue Einsichten, du kannst den eingeschlagenen Weg kritisch prüfen. Deine Handlungen verändern sich und durch diese Erfahrungen auch deine zerebralen Leitungsbahnen. Deine Wahrnehmung, wann eine intuitive Entscheidung richtig und angemessen ist, wird durch diese Übungen ebenfalls deutlich geschärft. Die Werkzeuge der Stoa, die verblüffend einfach und sehr wirkungsvoll sind, wurden in der modernen psychologischen Forschung wiederentdeckt. Je besser du es schaffst, immer wieder aus den verlockenden intuitiven

Gedanken, Gefühlen und Handlungen auszusteigen, desto größer wird deine Gelassenheit und Klarheit in schwierigen Situationen.

Die erste Hürde besteht darin, den spontan auftauchenden Gedanken und Gefühlen nicht nachzugeben, sondern sie erst einmal nur wahrzunehmen. Diese besondere Form der Betrachtung nannten die Griechen *prosoché*, was dem modernen Begriff der Achtsamkeit nahekommt. Oftmals verstärken Gedanken unsere Gefühle, diese wiederum können Gedankenspiralen auslösen. Mit beidem sind Körperempfindungen verbunden. Der erste Schritt ist, innezuhalten. Damit du gelassen handeln kannst, bedeutet dies, bewusst aus dem Gedankenkarussell oder der intuitiven Idee auszusteigen. Um sie anzuhalten, rufe dir innerlich »Stopp« zu. Klingt einfach, oder? Dann erst einmal nichts tun, nur in den Körper spüren und drei bis vier tiefe Atemzüge machen. Wichtig ist hier, dass du ganz genau beobachtest, was beim Atmen passiert: Wohin strömt die Luft, wie hebt sich der Brustkorb, welche Muskeln kannst du wahrnehmen? Erst so unterbrichst du den Lavastrom der Dauergedanken. Bevor du das in einer brenzligen Situation ausprobierst, solltest du es zuerst einmal ganz in Ruhe, am besten abends, üben.

Betrachte diese unaufhörlich dahinströmenden Gedanken und Gefühle so, wie du einen Kinofilm ansehen würdest. Nun gehst du einen Schritt näher und analysierst, wie ein Forscher, deine Gedanken, die wie aus dem Nichts auftauchenden Ideen. Mit dieser Grundhaltung wirst du rasch entdecken, dass du ständig Dinge, Situationen und Emotionen bewertest. Dass sich die meisten Gedanken im Kreise drehen und dir die immer gleichen Inhalte vorgesetzt werden.

SCHWIERIGKEITEN AUFLÖSEN

»*Und alles, dem wir zustimmen, ist veränderlich, denn wo ist der Mensch, der sich nie verändert. Nimm deine Gedanken und wende dich dann den Objekten selbst zu, bedenke, wie kurzlebig und wertlos sie sind, sie könnten ebenso einem verlausten Armen, einer Hure oder einem Räuber gehören.*« (16)

Den Stellenwert deiner Gedanken, die auftauchen und dahintreiben, hat Marc Aurel treffend beschrieben. Du kannst diese Erkenntnis praktisch nutzen: Beobachte die Gedanken, ohne sie zu bewerten, ohne ihnen großes Gewicht beizumessen. Zerlege Probleme in kleinere Bestandteile, die keine großen Gefühle mehr auslösen, die du nüchtern betrachten, analysieren kannst. Man kennt dieses Vorgehen aus der Chemie.

Hier ein kleines Beispiel: Du hast vielleicht manchmal Kopfschmerzen. Diese lösen Vorstellungen aus wie: »Schon wieder steckt jemand ein Messer in meinen Kopf, kann das Hämmern nicht aufhören, ich werde noch wahnsinnig. Warum passiert das immer mir, wenn ich es doch gar nicht brauchen kann.« Mit diesen spontan auftauchenden Gedanken verstärkst du dein Unbehagen und den Schmerz. Stopp! Sachlichkeit und analytisches Vorgehen sind nun wichtig. Diese Werkzeuge der Stoa eignen sich nicht nur für intellektuelle Übungen, sondern waren für den Umgang mit alltäglichen Widrigkeiten gedacht.

Wenn du Kopfschmerzen hast, dann sage dir: »Ich spüre einen starken Druck im Kopf. Das sind Kopfschmerzen. Ich habe diese schon häufiger gehabt, sie sind unangenehm, dauern aber nicht ewig. Bisher haben sie immer wieder aufgehört.« Selbst wenn du längere Phasen kennst, weißt du, dass die Schmerzen immer wieder schwächer werden. Diese Form der Analyse und der Akzeptanz der Tatsache, dass du Kopfschmerzen hast, ist eine sachliche Beschreibung ohne

Wertung, ohne panische Gedanken an eine zukünftige, katastrophale Entwicklung. Diese nüchterne Betrachtung und die Akzeptanz verkürzen häufig die Schmerzattacke, während der angstvolle Blick sie verstärkt.

Diese Technik, Schwieriges in Teile, die einfacher zu handhaben sind, aufzulösen, ist in allen Lebenssituationen einsetzbar. Es ist eine sehr hilfreiche und kreative Art des Denkens.

Übung

Setze dich am Abend hin, nimm eine Situation, die du tagsüber als schwierig erlebt hast, und betrachte sie noch einmal. Erspüre, was dies in dir auslöst. Es ist spannend, dass sogar Erinnerungen ausgeprägte Gefühle auslösen können. Obwohl du sicher und entspannt auf deinem Lieblingsplatz sitzt.

Löse dich aus den Gefühlen, betrachte, was geschehen ist, ganz sachlich und ohne zu werten. Nimm die Situation und schreibe dazu in Gedanken einen neuen Text. Wie Untertitel in einem Film. Allerdings ist es dir nur gestattet, eine ganz nüchterne Beschreibung des Geschehens abzugeben. Wenn du die emotionalen Wertungen weglässt und einfach nur beschreibst, was vor deinem inneren Auge vorüberzieht, entsteht ein klares, sachliches Bild.

Die gefühlsmäßige Verstrickung lässt nach. Je häufiger du das übst, desto besser wirst du auch in der Situation selbst in der Lage sein, dich nicht zu vorschnellen Urteilen hinreißen zu lassen.

Am Anfang wird dir dies wahrscheinlich erst im Anschluss an einen schwierigen Vorgang oder im Rückblick am Abend gelingen. Nach längerem Üben wirst du aber, beispielsweise bereits mitten in der Auseinandersetzung mit einem missliebigen Kollegen, plötzlich erkennen, dass du wieder einem alten Urteilsmuster folgst. Es wird so eine Lücke entstehen, in welcher du das Geschehen, sozusagen online, beobachtest. Deine Reaktion wird dann eine andere sein. Und wenn du immer weiter übst, wirst du einfach gelassen bleiben können. Mit einem inneren Lächeln die Schwierigkeiten betrachten.

Dieses Vorgehen, etwas in kleine, überschaubare Einheiten zu zerlegen und diese dann erneut zu betrachten, nimmt vielen schwierigen Ereignissen die Schärfe. Du kannst sie dann nüchterner, rationaler und vernünftiger betrachten. Die Gedankenspiralen werden weniger, es öffnet sich ein innerer Raum, der dir immer zur Verfügung steht, wenn du ihn brauchst.

Diese Technik war auch für Marc Aurel sehr entscheidend. Er nutzte sie, um seinen Schock angesichts der vielen Toten auf dem Schlachtfeld zu überwinden. Um als Feldherr nicht handlungsunfähig zu werden, half er sich durch die nüchterne Beschreibung dessen, was vor ihm lag: »Die Schlacht ist schon gewesen. Ich habe mein Bestes gegeben. Dort liegt ein Schuh, dort liegt ein Schwert ...« Ohne Wertung. Uns mag dies grausam erscheinen. Doch durch den langjährigen Übungsweg der Stoa konnte er gelassen bleiben. Durch seine nüchterne, analytische Art gelang es ihm, den Feldzug zu einem Abschluss zu bringen und den Krieg zu beenden. In der heutigen Zeit sind solche Techniken ebenfalls segensreich. Sie können Menschen schützen, die plötzlich oder berufsbedingt mit erschütternden Szenen konfrontiert werden. Diese innere Distanzierung, um mit schwierigen Ereignissen umzugehen, findet ihren Widerhall in der modernen psychologischen Forschung.

Marc Aurel ging noch einen Schritt weiter. Er machte sich Gedanken über die permanente Veränderung aller Dinge. Ob es sinnvoll sei, sich aufzuregen, statt einfach nüchtern den Verlauf der Dinge zu betrachten. Diese Haltung ist besonders wertvoll, wenn du etwas verloren hast, woran dein Herz hing:

»*Betrachte die besondere Qualität der Form eines Gegenstandes, dann trenne den materiellen Teil dieses Gegenstandes ab.*

Sinne tief darüber nach, was dann bleibt, mache dir klar, was die längst mögliche Zeit sein mag, die dieser Gegenstand in genau dieser Form üblicherweise existieren würde.« (17)

Diese Übung von Marc Aurel mag dir erst mal etwas künstlich erscheinen, sie kann jedoch heftige Gefühle, die ein Ereignis oder ein schmerzhafter Verlust auslösen, abmildern. Es geht keineswegs darum, starke Gefühle zur Seite zu drängen, sondern diese stehen zu lassen. Sie liebevoll und neugierig zu betrachten, dann nüchtern zu analysieren, wie wichtig dieses Problem für dich ist. Hier hilft es, die körperlichen Wahrnehmungen zu spüren, sie sind außerordentlich wertvolle Hinweise auf das, was wirklich angetriggert wird.

Du kannst, wie Marc Aurel, überlegen, wie lange etwas üblicherweise Bestand hat. Ist es der Mühe wert, sich aufzuregen? Leider ist es nicht mit dem Lesen dieser Anleitung getan. Vielleicht taucht in deinem Inneren gerade eine Stimme auf, die dies alles als unbrauchbar oder sinnlos bezeichnet? Wunderbar. Jetzt kannst du den manchmal so nervigen inneren Kommentator nutzen, er kann dir helfen, die Dinge neu zu betrachten. Lasse ihn aber nicht von der Leine, sondern sei aktiv.

»Unterdrücke deine Einbildungen und sage dir bei jeder Gelegenheit: Nun steht es doch bei mir allein, keine Bosheit, keine Begierde und überhaupt keine Leidenschaft in der Seele aufkommen zu lassen. Dagegen will ich alles nach seinem Wesen betrachten und seinem Wert entsprechend benutzen. Vergiss nicht diese dir von der Natur geschenkte Gabe! Die Vernunft.« (18)

Dass du die Gabe besitzt, etwas vernünftig abzuwägen, wird von Marc Aurel als großes Geschenk betrachtet. Für die Stoiker war die Vernunft aber weit mehr als ein rationales Analysewerkzeug. *Logos*, der Begriff, den wir üblicherweise mit Vernunft übersetzen, war immer eine wohlüberlegte Entscheidung, die im Einklang mit der Natur stand. Eine sehr moderne Haltung, wenn dies, wie für die Stoiker, die harmonische Beziehung zu allem, was existiert, umfasst. Wie kannst du das im Alltag einsetzen?

Hier ein kleines Übungsbeispiel: Du erwartest Gäste und hast einen Kuchen in den Ofen gestellt. Plötzlich steigt dir ein sehr intensiver Geruch in die Nase. Der Kuchen ist wohl angebrannt. Fühle kurz in deinen Körper, was kannst du wahrnehmen? Anspannung, eine Beschleunigung des Herzschlags, eine innere Stimme, die ruft: »Nicht schon wieder«? Stopp. Neurophysiologische Studien konnten zeigen, dass körperliche Reaktionen der kognitiven Erkenntnis vorausgehen. Deshalb ist es sehr wichtig, dass du lernst, in deinem Körper zu lesen, ganz bei dir zu sein. Wenn dir dies durch Übung mehr und mehr gelingt, dann verlieren die Gefühlsausbrüche ihre Dramatik. Du kannst die Situation gelassen analysieren, gewinnst Zeit und Lebensqualität. Wer sich nicht wegen jeder Kleinigkeit aufregt, nicht gleich eine Katastrophe wittert, lebt länger und glücklicher.

Im Falle des angebrannten Kuchens könnte dies zum Beispiel folgenden inneren Dialog nach sich ziehen: »Es riecht angebrannt. Es ist wahrscheinlich der Kuchen. Ich gehe in die Küche und prüfe den Sachverhalt. Vielleicht grillt auch der Nachbar?« Keine Panik. Wenn der Kuchen angebrannt ist, ist dies nicht mehr zu ändern. Durch besonnenes Handeln kannst du den Schaden aber eingrenzen. Du öffnest den Backofen, begutachtest den Kuchen. Er ist zu dunkel. Sage dir: »Der Kuchen ist zu dunkel.« Gib dem inneren Impuls zu fluchen nicht nach. Prüfe gelassen, ob der Kuchen durchgebacken ist, bevor du ihn herausnimmst. Sage dir: »Der Kuchen ist fertig.« Dann: »Der Kuchen ist außen angebrannt.« Das ist geschehen. Was ist als Nächstes zu tun? Lasse ihn abkühlen, entferne die verbrannten Stellen.

Sage dir: »Der größte Teil des Kuchens ist gut. Damit kann er gegessen werden, seine Zeit als Kuchen ist ohnehin bald vorbei.« Mit etwas Glasur wird niemand bemerken, dass du den Rand abgeschnitten hast. Falls der Kuchen völlig schwarz ist, sage dir: »Der Kuchen ist total verbrannt.« Keine Wertung, keine weiteren Ausführungen. Wenn du Gäste erwartest, dann überlege eine Alternative: einen Kuchen kaufen, einen neuen Kuchen backen, etwas völlig anderes anbieten. Sage dir: »Dieser Kuchen sollte eben nicht gegessen werden.« Oftmals sind es solche kleinen Ereignisse, welche die Kreativität anspornen. Rationales Vorgehen wird dich hierbei unterstützen.

DAS GLÜCK DER VERÄNDERUNG

Diese kleine Übung mag dir trivial erscheinen. Doch jede Handlung, in der du eine schwierige Situation nur beschreibst, ohne jede Wertung, ohne Gefühlsausbrüche, führt dazu, dass sich auch in deinem Gehirn etwas nachhaltig verändert. Die automatischen, archaischen Reaktionen werden durch gelassenere ersetzt. Das Frontalhirn springt immer früher an, das sonst schnellere limbische System verliert an Wichtigkeit. Automatische Gefühlsstürme bleiben nach und nach aus. Auf dem Weg dorthin ist es außerordentlich hilfreich, sich immer wieder klarzumachen, dass alles veränderlich ist. Auch wenn du dich furchtbar aufregst, morgen ist die Aufregung bereits vergessen. Vom Kuchen sind nur noch die Krümel übrig.

»Ein Strom des Werdens, in dem eins das andere jagt, ist die Zeit. Denn ein jegliches Ding – verschlungen ist's, kaum da es aufgetaucht. Da trägt die Woge schon wieder ein anderes her. Und auch dieses wird weggeschwemmt.« (19)

Es ist wichtig, immer wieder kurz innezuhalten. Gelassen und rational abzuwägen, ob das Ereignis es wert ist, dass du dich aufregst. Kaum ist der Ärger da, ist es auch schon Vergangenheit. Viele deiner Gedanken kommen und gehen einfach, genau wie deine Gefühle. Wenn du diesen permanenten Wandel erkennen kannst, werden schwierige Situationen schnell ihre Dramatik verlieren: »Alles ist dem Wandel ausgesetzt. Auch du selbst befindest dich in dauernder Veränderung und gewissermaßen in einem Prozess des Vergehens, wie auch der gesamte Kosmos.« (20)

Das Leben ist zu kurz, um sich über Kleinigkeiten aufzuregen. Die Vernunft weist dir den Weg, das Richtige zu tun, nicht nur für dich, sondern auch für die Menschen, mit denen du zusammenlebst. Für die Stoiker war dies Ausdruck des Strebens nach Weisheit. Ein wahrhaft weiser Mensch wird mithilfe der Vernunft in Harmonie mit sich und der Natur ein glückliches Leben führen.

»Wenn du einfach tust, was du gerade tun musst. Mit aller Kraft deiner Vernunft, ernsthaft und gelassen handelst und dabei das wahre Göttliche (deine innere Wesenskraft) in dir unberührt bleibt. Wenn du nichts erwartest, nichts fürchtest und zufrieden bist, im Einklang mit der Natur auf der Basis der Vernunft zu handeln. Wenn du nur äußerst, was wirklich wahr ist, (ohne schmückendes emotionales Beiwerk) dann wirst du ein glückliches Leben führen. Und es gibt niemanden, der dich daran hindern kann.« (21)

Außer dir selbst ...

III. AKZEPTANZ – DAS LEBEN ANNEHMEN

»Begehre nicht, dass die Sachen in der Welt gehen, wie du es willst, sondern wünsche vielmehr, dass alles was geschieht, so geschehe, wie es geschieht, dann wirst du glücklich sein.« (22)

Du wirst dich sicher fragen: »Wie soll das gehen?« Wenn etwas nicht klappt, reagiere nicht sofort mit Widerstand, gehe nicht in eine innere Kampfhaltung. Atme zwei- bis dreimal tief durch, und dann betrachte das Ereignis noch einmal. Es ist geschehen, nimm es erst mal, wie es ist. Wenn es dir gelingt, dies vollkommen zu akzeptieren und zu sagen, »Mal sehen, was sich draus entwickelt«, dann wird viel Anspannung von dir abfallen.

Die moderne Psychologie hat herausgefunden, dass diese alte Technik der stoischen Philosophen bei vielen psychischen Erkrankungen zu einer deutlichen und nachhaltigen Verbesserung führt. Wenn Patienten mit Angststörungen es wagen, ihre Angst einfach zu akzeptieren, dann sinkt das Angstlevel. Dabei ist es oft hilfreich, wenn sie einen vertrauten Menschen um sich haben, der sie dabei unterstützt, immer wieder diese Haltung einzunehmen. Auch Patienten mit schweren Depressionen profitieren von dieser Übung (23). Viele verhaltenstherapeutische Ansätze nehmen diese alten stoischen Prinzipien ebenfalls auf.

Wenn es dir gelingt, die Dinge so zu akzeptieren, wie sie eben sind, in Schwierigkeiten, denen du begegnest, einen Sinn zu erkennen, diese als Übungsaufgabe des Universums zu sehen, an welcher du wachsen kannst, dann werden aus den Unwägbarkeiten des Alltags spannende Übungsfelder. Mit jeder Aufgabe, und du bist täglich mit größeren und kleineren Malaisen konfrontiert, kommst du dem Ziel der inneren Stärke und Gelassenheit näher. Du wirst widerstandsfähiger, resilienter und wächst an deinen Aufgaben.

Die größte Schwierigkeit besteht darin, den inneren Kommentator auszuschalten. Diese innere Stimme, die unaufgefordert alles, was du tust und was dir begegnet, bewertet: das Wetter, ob eine Erfahrung günstig für dich ist, was der Mensch, den du gerade triffst, wohl von dir halten mag. All dies sind Deutungen, die meist jeder Grundlage entbehren. Sie hindern dich daran, eine Situation einfach zu akzeptieren. Es sind subjektive Einschätzungen, doch diese permanente innere »Berieselung« hat gewaltige Auswirkungen. Erkenne in diesen Kommentarspiralen, was sie sind: Ein Radio, das im Hintergrund läuft. Gib diesen inneren Wertungen, denen du oft genug folgst, keine Macht. Sie sind nur ein kleiner Teil von dem, was du bist. Es sind die Geschichten, die du dir selbst ständig erzählst, die deine Wahrnehmung beeinflussen. Sie bestimmen deine weiteren Gedanken, deine Gefühle, und dann handelst du einfach. Ohne einen Augenblick innezuhalten und nachzudenken, zu reflektieren und nicht nur einem intuitiven Gedanken, der zufällig auftaucht, zu folgen. Marc Aurel fasste dies kurz und knapp so zusammen:

»*Wirf deine Meinungen, Bewertungen weg,
dann bist du schon gerettet. Wer hindert dich daran,
sie einfach wegzuwerfen?*« *(24)*

Denn genau diese innere Dauerberieselung durch die ständig wertenden Kommentare trübt deinen Blick. Deine Fähigkeit, die Dinge nüchtern und damit auf natürliche Weise gelassen nur zu betrachten, schwindet. Zu akzeptieren, was gerade ist, die althergebrachten Vorurteile und Wertungen zu verwerfen. Selbst wenn dein innerer Kommentator einmal recht haben mag, wenn du dich aufregst, wird alles nur noch schwieriger.

In Epiktets Aufzeichnungen finden sich viele Beispiele für eine Grundhaltung, etwas, das bereits geschehen ist, zu akzeptieren.

»*Wenn z. B. der Knabe eines andern ein Gefäß zerbrach, so
sagt sich jeder sogleich:* ›*Das ist nichts Ungewöhnliches.*‹
*Benimm dich also ebenso, wenn das deinige zerbricht, wie du
dich verhieltest, als das des andern zerbrach.*« *(25)*

Wie einfach es ist, wenn jemand einen Becher deines Freundes zerbricht, entspannt zu antworten: »Nun, so ist es eben.« Aber kannst du dies genauso gelassen hinnehmen, wenn es dein eigener Lieblingsbecher wäre? Du wirst dann vielleicht feststellen, dass du unvernünftig und emotional reagierst, wenn es deiner war. Wenn du etwas verloren hast, an dem dein Herz hing.

VERÄNDERE DEINE WAHRNEHMUNG

Akzeptanz ist nicht Gleichgültigkeit, sondern die Erkenntnis, dass oft Dinge geschehen, ohne dass du großen Einfluss darauf hast. Du kannst dich über einen zerbrochenen Becher furchtbar aufregen, dich ins Unrecht gesetzt fühlen, deinen Nachbarn oder deine Freundin anschnauzen: Es wird sich nichts ändern. Es ist bereits geschehen. Der Becher ist hin. Du hast das Gefühl, dass sich die ganze Welt gegen dich verschworen hat, weil gestern dein Kaktus vom Fensterbrett gefallen ist, du den Bus verpasst hast und dann im Regen stehen musstest. Die Reihe der kleinen und großen Missgeschicke ließe sich beliebig fortsetzen. Wenn dann Wut aufkommt, »Warum passiert das immer mir?«, oder du völlig niedergeschlagen bist, erscheint alles noch dramatischer. Allerdings ändert dein Hadern nichts, denn es ist geschehen.

Jeder von uns kennt diese Reaktionen. Manche Ereignisse sind emotional aufwühlender als andere. Bis du dich wieder beruhigt hast, ist viel Zeit vergangen. Mancher Flurschaden ist angerichtet, deine Freundin ist genervt von deinem Gezeter, die Nachbarin nimmt deine Post jetzt nicht mehr an. Dein emotionaler Ausbruch hat nichts verbessert. Kurzzeitig hast du deinen Frust nach außen getragen, du fühlst dich erleichtert. Ernsthaft betrachtet hast du dir jedoch nur selbst geschadet.

Akzeptanz von dem, was ist, das wäre eine Lösung. Bevor du dies im Trubel des Alltags versuchst, mach eine kleine Trockenübung. Setz dich einfach an einen ruhigen Ort, an dem dich niemand stört, du allein mit deinen Gedanken, Gefühlen und Vorstellungen bist. Lass uns gemeinsam auf eine kleine innere Reise gehen. Vielleicht kennst du eine solche Situation, dann kannst du dich leichter einfühlen. Du bist im Urlaub und es regnet. Eigentlich wolltest du am Strand entspannen. Doch nun regnet es seit Stunden, als ob die Welt untergehen möchte. Der Wind bläst, der Versuch, aus dem Haus zu treten, misslingt. Denn der Wind bläst den Regen vor sich her. Es regnet aus allen Himmelsrichtungen gleichzeitig. Spüre nun deine Frustration, deine Enttäuschung. Dein Bangen und Hoffen, es möge aufhören. Doch es regnet immer weiter. Wenn du diesen Gefühlen und Gedanken nachspürst, wirst du Zeuge eines erstaunlichen Phänomens. Alles existiert nur in deiner Vorstellung, und doch bist du betroffen. Löse dich aus der Betroffenheit. Es regnet. Das ist gut, denn meist freuen sich im Sommer die Pflanzen über den Regen. Das Geräusch des Regens kann sehr beruhigend auf dich wirken, wenn du einfach nur zuhörst. Der Regen, der dich eben noch auf die Palme treiben konnte, wird so zur beruhigenden Hintergrundmusik.

Es sind deine eigenen Gedanken und Gefühle, deine Bewertungen, deine Vorstellungen, was eigentlich sein sollte, die aus dem verregneten Urlaubstag eine Katastrophe formen. Deine Vorstellungen machen es extrem schwierig, den Regen einfach Regen sein zu lassen. Du kannst am Wetter ohnehin nichts ändern. Dann ist es am einfachsten, zu akzeptieren, dass es gerade regnet. Wenn du den Regen als freundliches Geschenk des Himmels betrachtest oder bei heftigem Monsun als Naturschauspiel, dann gibt es keinen Grund, sich aufzuregen. Die Menschen in Monsungegenden nehmen den sommerlichen Regen als das, was er ist: notwendig für das Wachstum der Pflanzen. Eine kleine Episode im Laufe des Tages. Mit Flip-Flops durch den Regen, der vorne in die Schuhe fließt und hinten wieder hinaus. Es ist, wie es eben ist.

Du hast es jederzeit in der Hand, dich von deinem inneren Jammerlappen abzuwenden und die Situation genauso anzunehmen, wie sie gerade ist. Du kannst sogar entspannt ohne Schirm nach draußen gehen. Du wirst dich im Regen nicht auflösen, deine Kleidung wird wieder trocknen, der Regenschauer wird vorübergehen. Wenn du bereit bist, die Regengeräusche als melodisches Plätschern, sanftes Tropfen oder heftiges Rauschen einfach nur wahrzunehmen, dich ganz in dieses Hören, in diesen Augenblick zu versenken, kann dich dies auf dem Weg zur inneren Ruhe und Stille unterstützen. Für viele Menschen sind Regengeräusche die schönste Art, sanft in den Schlaf zu gleiten. »Nur fein ruhig und gelassen: sie werden dasselbe tun, auch wenn du dich zerrissest!« (26) Die Regentropfen werden fallen, egal, wie sehr du dich aufregst. Auch manche Menschen werden ihr Verhalten nicht verändern, ganz gleich, wie sehr du dich bemühst.

Ich wollte immer die Wartezeiten in unserer Abteilung verkürzen, Terminkollisionen vermeiden. Wir haben die Schwestern geschult, haben das Projekt vorgestellt, sind auf die Stationen gegangen. Obwohl wir uns alle ins Zeug gelegt haben, ist es nicht besser geworden. Die Mitarbeiter sind in ihrem alten Trott geblieben. Sie hatten andere Probleme als Patienten, die in einer anderen Abteilung einen Termin haben. Wir haben das irgendwann akzeptiert. Die stressigen Situationen der immer wieder auftretenden Terminkollisionen sind dadurch nicht besser geworden. Aber die Akzeptanz hat für meine Mitarbeiter den Stress reduziert. Wir haben akzeptiert, dass etwas nicht funktioniert, und dann eine andere Lösung gesucht. Wir holen nun die Patienten rechtzeitig vor den Terminen ab, damit sind die Wartezeiten kürzer geworden.

Akzeptieren, dass etwas so ist: Manchmal gelingt es besser, manchmal schlechter. Die Stoiker sahen sich immer auf dem Weg. Die Dinge erst einmal zu akzeptieren und nicht zu erwarten, dass Menschen sich auf einen Schlag verändern und weise werden. Also gräme dich nicht, wenn es mit deiner tiefen inneren Ruhe mal wieder nicht geklappt hat. Es ist ein Weg, und das nächste Mal wird es anders sein. Denn die Aufgaben, die dir das Leben stellt, sind, nach Ansicht der Stoiker, in der Regel so beschaffen, dass du sie meistern kannst. Deine Fähigkeiten, mit Herausforderungen umzugehen, werden immer ausreichen. Akzeptiere, was dir gerade begegnet, nimm es an.

»*Alles, was geschieht, geschieht entweder so, wie du es deiner Natur entsprechend ertragen oder auch nicht ertragen kannst. Wenn dir also etwas so geschieht, wie du es ertragen kannst, dann sei nicht unzufrieden, sondern ertrag es, wie du es kannst. Wenn dir aber etwas so geschieht, wie du es nicht ertragen kannst, dann sei ebenfalls nicht unzufrieden. Denn es wird dich vorher vernichten. Erinnere dich allerdings auch daran, dass du dazu fähig bist, alles zu ertragen, wo deine Aufnahmefähigkeit in der Lage ist, es erträglich und annehmbar zu machen durch die Vorstellung, dass es dir nützt oder dass es deine Pflicht ist, es zu tun.*« (27)

LIEBE, WAS DU TUST

Mutig zu akzeptieren, dass du die Aufgaben, die auf dich zukommen, meistern wirst, das kann herausfordernd sein. Es bedeutet nicht mehr und nicht weniger, als in allem, was dir begegnet, auch in jedem vermeintlichen Unbill, die Möglichkeit zu sehen, etwas zu lernen. Auch zu akzeptieren, wie es gerade um dich steht. Marc Aurel spricht an, dass eine Aufgabe zu groß sein kann, dich vernichten könnte. Diese Neigung, erst einmal von einer Katastrophe auszugehen, war ihm wohlvertraut. Er ließ sich davon aber nicht beeinflussen. Er empfiehlt, sich vorzustellen, dass man es schafft.

Wir wissen heute, dass diese positive Einstellung, unsere Vorstellungen, mächtige Verbündete sind. Sie funktionieren auch, wenn du mehr aus Pflichtgefühl handelst. Deine positive Haltung verändert das Umfeld, deine Vorstellungen verändern die Welt. Du gewinnst dadurch Kraft, die du für dein Handeln brauchst. Etwas Neues kann sich manifestieren. Du wirst dich verändern und an der Aufgabe wachsen.

Seneca beschreibt, dass deine Fähigkeiten zwar bestimmen, was du leisten kannst. Dass du jedoch mit jeder Aufgabe neue Einsichten gewinnen, Erfahrungen machen und so immer komplexere Aufgaben lösen kannst. Das bedeutet, dass du dich immer weiterentwickeln wirst.

»Wenn du guten Muts bist, eine positive Einstellung hast, dann wird dein Geist sich so entwickeln, sich Raum schaffen, dass du alle Aufgaben meistern kannst.« (28)

Wenn du eine schwierige, zunächst vielleicht unlösbare Situation erst einmal annimmst, kannst du viel über dich lernen. Du wirst die Erfahrung machen, dass durch die Akzeptanz deine Gestaltungskraft größer wird. Das klingt überraschend. Sei mutig, akzeptiere, was geschehen ist. Deine Ungeduld, deine Reizbarkeit, deine Neigung, den einfachen Weg zu gehen, alles hinwerfen zu wollen, treten in den Hintergrund. Jetzt kurz anhalten, fühlen und ergründen: Was ist es denn genau, worüber du dich aufregst? Wo steckt der Teil, der den Kopf hängen lässt? Sind es die Aussagen von Menschen, die dir erklären, dass du es nicht schaffen wirst? Mache dich nicht abhängig von den Urteilen anderer. Wenn es dir gelingt, eine Situation zu akzeptieren, wirst du schneller entspannt sein und besser entscheiden können. Es öffnet sich ein Raum, der neue Gestaltungsmöglichkeiten bietet, jenseits deiner Ängste und eingefahrenen Reaktionen.

»Gib dich dem Schicksal willig hin, und erlaube ihm, dich mit den Dingen zu verflechten, die es dir irgend zuerkennt.« (29)

Vielleicht musst du etwas tun, was du sehr ungern machst: fremde Menschen anrufen, mit einem schwierigen Kollegen sprechen. Stelle dir vor, dass diese Aufgabe eine Übung ist. Akzeptiere sie und du wirst häufig eine faszinierende Erfahrung machen. Die Art, die innere

Einstellung, wie du an diese Arbeit herangehst, beeinflusst, wie sie sich entwickelt. Akzeptiere die Aufgabe und verwirf deine Vorstellungen, wie es sein sollte: »Schmiege dich in die Verhältnisse, die dir gesetzt sind, und liebe diese.« (30) Wenn du deinen Widerstand gegen die Verhältnisse, wie sie deine Arbeit mit sich bringt, aufgibst, dann kann sich etwas völlig Neues entwickeln. Leichtigkeit kann sich einstellen. Wenn du etwas nicht magst, kann dies herausfordernd sein. Die Alternative ist die Kündigung oder der Versuch, etwas radikal zu verändern. Beides ist meist nicht so einfach möglich. Deshalb empfiehlt Marc Aurel, das zu lieben und zu akzeptieren, was deine Aufgabe ist. Ideen, neue Einsichten sind eher möglich, wenn du dich der Tätigkeit völlig hingibst. Mit ihr eins wirst. Plötzlich ist das neue Projekt dann gar nicht mehr so grauenhaft.

Dann bist du innerlich frei. Die Energie, die in deinem Widerstand gebunden war, steht dir nun zur Verfügung. Du kannst nüchtern analysieren, was oder wen du noch brauchst, um die Aufgabe zu lösen. Die unangenehme Tätigkeit verändert sich, wenn du dich entscheidest, sie zu lieben. Kreative Energie wird frei. Dabei kann dir auch bewusst werden, warum dir eine bestimmte Arbeit zuwider ist. Meist ist es ein innerer Widerstand, eine tiefsitzende Erinnerung an ähnliche Aufgaben, die du nicht lösen konntest. Kindheitserinnerungen an Lehrer, die dir nichts zugetraut haben.

Akzeptiere, dass diese Erfahrungen Spuren in dir hinterlassen haben. Dann wirst du leichter vorankommen. Wenn du jedoch feststellst, dass du das, was du tust, innerlich nicht verantworten kannst, dann nimm dies mit in deine abendliche Übung. Spüre genau, ob du dich in diese Verhältnisse schmiegen kannst. Betrachte, welche Reaktionen in dir ausgelöst werden, und lass sie auf dich wirken. Wenn es dann immer noch nicht passt, ist es besser, etwas aufzugeben. Insbesondere, wenn du feststellst, dass die Aufgabe mit deinen Vorbildern und ethischen Zielen nicht vereinbar ist.

Auch Epiktet hat sich ausführlich damit auseinandergesetzt, wie wichtig und auch schwierig es ist, kritisch zu prüfen, »was in unserer Macht steht und was nicht«. Versuche nicht, etwas zu verändern, wenn du rasch erkennen kannst, dass dies nicht in deiner Macht steht. Verändere dich selbst, deine Vorstellungen, das kannst du.

> *»Soll ich mich darum kümmern, was meinen Geist ablenkt, stört oder schmerzhaft erscheint? Oder die Macht, die mir eigen ist, nutzen, statt zu jammern und zu trauern über etwas, das schon geschehen ist?«* (31)

Dies bedeutet, anzuerkennen, was du ohnehin nicht mehr ändern kannst. Die innere Kraft und die Gestaltungsmacht nutzen und akzeptieren, es ist geschehen. Die damit verbundenen Gefühle aber keineswegs wegschieben, sondern annehmen. Interessiert und neugierig betrachten, was dich innerlich beschäftigt. Wenn du in einem Beruf feststeckst, der dir nicht entspricht, dann überlege, ob es die Brötchen wert sind, die du dir dafür kaufen kannst. Wenn es so ist, dann klage nicht, sondern akzeptiere, dass du im Augenblick diesen Job brauchst. Das bedeutet allerdings keineswegs, dass du nicht nach einem besseren Ausschau halten solltest. Nur verschwende deine Energie nicht mit Klagen, sondern schreite mutig voran, wenn du eine Entscheidung getroffen hast.

Es ist keineswegs einfach, in schwierigen Situationen gelassen zu bleiben. Nicht in einem Gefühls-Tsunami oder persönlichen Schuldzuweisungen zu versinken. Es ist wichtig, dir immer wieder klarzumachen, dass die Dinge sind, wie sie sind. Sage dir das immer wieder. Nimm dir diese Aussage zu Herzen, lasse dich nicht von wilden Vorstellungen hinreißen. Du kannst nicht erkennen, ob du den Fantasien deines hyperaktiven Geistes aufsitzt oder ob deine Vorstellungen einen wahren Kern haben.

KLAGEN HILFT NICHT

> »*Lass deinen Wahn schwinden, du hörst auf dich zu beklagen. Beklagst du dich nicht mehr, ist auch das Übel weg.*« *(32)*

Für Marc Aurel sind Klagen wie ein Wahn, ein Fieber. Lass das Klagen. Klage nicht über deine eigenen Probleme und nicht über die Unfähigkeit deiner Mitmenschen. Eine weise Grundhaltung, die der Übung bedarf, um zu wirken. Wir wissen heute, dass Menschen, die sich ständig beklagen und dadurch leiden, häufiger erkranken. Auch wenn es dir schwerfällt, da du dich in deinem Leiden und mit deinen typischen Reaktionsmustern möglicherweise gut eingerichtet hast, mache einen Selbstversuch. Die Aufgabe besteht darin, einen Tag lang nicht zu klagen. Schließe einen kleinen Vertrag mit dir selbst. Beginne mit diesem Versuch am Morgen.

Übung

Auch wenn du das Gefühl hast, dass du in einem tiefen Loch der Dunkelheit sitzt oder Ängste von dir Besitz ergreifen, versuche diese Situationen einmal nur zu betrachten, sie anzunehmen, aber nicht zu klagen. Das ist für viele Menschen eine außerordentlich schwierige Übung. Es wird immer wieder eine innere Stimme auftauchen, die dich dazu animieren möchte, deinem Unmut, deiner misslichen Lage durch Worte Ausdruck zu verleihen. Gib dieser Stimme nicht nach. Sie ist ein Teil von dir, der die alten Gewohnheiten beibehalten möchte. Veränderungen sind immer ein Aufbruch in das Unbekannte. Das möchte dieser innere Anteil vermeiden. Sprich zu ihm, sage ihm, dass du gut auf dich achten wirst und im Augenblick keine Notwendigkeit besteht, zu klagen. Dass dieser Vertrag nur einen Tag gelten wird.
Wenn du dich am Abend wieder in deine Tagesreflexion begibst, gratuliere dir selbst. Du hast großen Mut bewiesen, Disziplin und

Willenskraft aufgebracht. Wie fühlst du dich? Wie ist es gelaufen? Wie oft musstest du dich wieder an deinen Vertrag erinnern? Es wäre durchaus nicht ungewöhnlich, wenn du tagsüber doch in deine alten Muster zurückgefallen bist. Wenn du den Tag geschafft hast, dann solltest du dich belohnen. Die Zeit und Energie, die üblicherweise beim Lamentieren verbraucht werden, stehen dir nun zur freien Verfügung.

Wenn du nun einen Tag geschafft hast, dann versuche ab jetzt, immer wenn die klagende Stimme sich zeigt, erst einmal nur zu schweigen. Dann abzuwarten. So wird deine innere Haltung sich in kleinen Schritten ändern. Seneca fasst dies so zusammen:

»*Du bist ungehalten und klagst, statt dir zu sagen, dass an all diesem angeblichen Leid das einzige Schlimme nur das ist, dass du ungehalten bist und klagst.*« (33)

All dies funktioniert auch mit Hass, Neid, Eifersucht und Gier. Die Stoiker waren der Ansicht, dass es wichtig sei, wie man den Tag beginnt. Das bedeutet, sich am Morgen kurz Zeit zu nehmen und eine Viertelstunde mit einer Meditation die Nacht ausklingen zu lassen. So kannst du Kraft und Stärke sammeln. Mit den Übungen der Stoa bist du dann auf alles, was an diesem Tag auf dich zukommen mag, gut vorbereitet. Denn:

»*Wenn wir nun auf Hindernisse stoßen oder beunruhigt oder bekümmert sind, so wollen wir niemals einen andern anklagen, sondern uns selbst, das heißt: unsere eigenen Meinungen.*« (34)

Es geht nur um die inneren Bewertungen, Vorstellungen und Gedankenspiralen, die eine gelassene und nüchterne Betrachtung eines Ereignisses verhindern. Sie können Gefühle auslösen und dich in die

Hölle des emotionalen Leidens stoßen. Steige aus den Bewertungen aus. Betrachte deine Gefühle, akzeptiere sie, dann kannst du erkennen, wo du durch Erfahrungen und Erinnerungen an alte Reaktionsmuster gefesselt bist. Wenn du sie erkennst, beginnen diese Muster sich aufzulösen. Ein wichtiger Schritt, um dein Leben besser zu gestalten.

Wenn du die Dinge so akzeptieren kannst, wie sie eben sind, annehmen kannst, was gerade ist, dich nicht dazu hinreißen lässt, alles zu bewerten und innerlich, meist negativ, zu kommentieren. Wenn dir dies gelingt, dann sind schwierige Gefühle deine besten Sparringspartner auf dem Weg zu Weisheit und Gelassenheit. Dann bist du auf diesem Weg schon ein großes Stück vorangekommen.

Auch diese Fortschritte sind veränderlich. Es wird dir immer wieder passieren, dass ganz unvermittelt ein Anteil in dir auftaucht, der sofort eine große Katastrophe wittert. Dann sei nicht frustriert, das ist völlig normal. Mal geht es schnell voran, du bist verbunden mit deinem glücklichen inneren Stoiker. Dann tauchen wieder neue Herausforderungen auf. Du solltest dann nicht entnervt aufgeben, denn gerade diese Momente sind es, die deine Entwicklung vorantreiben. Gib dem inneren Widersacher keinen Raum. Du verfügst inzwischen über viele Möglichkeiten, mit diesen Herausforderungen umzugehen. Nimm diesen Anteil einfach wahr als das, was er ist: ein Teil von dir. In dem Augenblick, in dem du dies erkennst, hat er schon etwas von seiner negativen Kraft eingebüßt.

Erst einmal innehalten, ganz gleich, was geschieht. Damit erreichst du einen wichtigen Punkt deiner stoischen Ausbildung: Du hast den inneren jammernden Kläger gestoppt. Dann fährst du nach Hause, die Frage:»Wie war dein Tag?«, weckt deinen inneren Jammeranteil wieder. Du kannst spüren, wie die klagenden Worte sich deiner Zunge bemächtigen wollen. Das ist verständlich. Aber Klagen verbraucht Energie und zieht dich runter. Setz das Experiment des Nichtklagens einmal fort und beobachte, was geschieht.

Lass deine Meinung über die schwierigen Ereignisse einfach ruhen. Es mag genügen, einfach zu sagen, dass es ein schwieriger Tag war. Dass du noch Zeit brauchst, um alles richtig einzuordnen. Du wirst feststellen, dass es keineswegs nötig ist, langatmig deine Meinung zum Geschehen zu äußern. Oftmals ist es besser, die Dinge zu beobachten und sich einer Meinung zu enthalten, bis dein Wissen und deine Weisheit wirklich in eine innere Balance gekommen sind. Marc Aurel kannte diese Probleme gut. Statt in blindem Aktionismus gegen eine schwierige Situation anzurennen, den Gefühlen ihren Lauf zu lassen, empfahl er, erst einmal in die Stille zu gehen. Seine Übung ist zeitlos:

>»Wenn du es beiseitelassen kannst, hast du mehr Zeit und mehr Ruhe. Frag dich in jedem Moment: ›Ist das notwendig?‹ Aber wir müssen auch unnötige Mutmaßungen beiseitelassen. Um die unnötigen Aktionen zu vermeiden, die ihnen folgen.« (6)

Folge nicht deinen Ideen und Vorstellungen über eine mögliche zukünftige Entwicklung. Hänge nicht in deinen inneren Szenarien fest. Nimm die Dinge, wie sie sind, in diesem Augenblick, jetzt.

Es gibt viele Möglichkeiten, die Grundhaltung der Akzeptanz zu trainieren. Die aufmerksame Beobachtung, *prosoché*, kennst du schon. Diese Art der Achtsamkeit ist sehr hilfreich und hat sich in vielen Studien als wirksames Mittel erwiesen, um gelassener und glücklicher zu leben. Die moderne Achtsamkeitsbewegung, wie das MBSR-Konzept (Mindfulness-Based Stress Reduction) (35), nutzt ähnliche Ansätze.

DIE KRAFT DES JETZT

Die beste Zeit, damit zu beginnen, ist deine abendliche Übungszeit. Setz dich an einen ruhigen Ort, auf ein Meditationskissen, einen Stuhl, ein Sofa oder die Bettkante. Wichtig ist, dass du wirklich aufrecht sitzen kannst. Lege deine Hände vor den Unterbauch. Stell einen Timer auf 20 Minuten.

Übung

Für diese Übung, wie auch für die meisten anderen Übungen, ist es wichtig, den Körper wahrzunehmen. Spüre deine Füße, deine Beine, den Rücken, den Kopf, spüre die Hände vor deinem Unterbauch. Nimm die Atembewegung wahr, wie der Brustkorb sich bewegt, der Bauch hinter deinen Händen. Bleibe fokussiert und aufmerksam bei den verschiedenen körperlichen Veränderungen, die beim Atmen auftreten. Spüre, wie dein Körper sich anfühlt, von Augenblick zu Augenblick.

Wenn du nun so still sitzt, wird es wahrscheinlich nicht lange dauern, bis ein Gefühl auftaucht, dein Rücken schmerzt oder dein kritischer innerer Kommentator erwacht. Ganz gleich, was dir nun begegnet, tue einfach nichts. Bewege dich auf gar keinen Fall, auch wenn der Impuls noch so stark sein mag. Lass dich nicht von Gedanken aufstacheln, die Übung zu beenden.

Akzeptiere die aufkommenden Körperempfindungen einfach, nimm sie als das, was sie sind: ein leises Gemecker auf körperlicher Ebene. Nimm vollkommen an, was gerade ist. Die Gedanken, als Gedankenspiralen, die wie Wolken am Himmel kommen und gehen. Akzeptiere, dass sie da sind. Tue nichts, warte, bis die Gedankenwolken weiterziehen. Wenn es dir gelingt, in diesem Zustand der Akzeptanz einfach zu verharren, wirst du eine erstaunliche Erfahrung machen. Nach und nach wird es stiller.

Wenn Schmerzen auftauchen, beobachte auch diese. Sage dir: »Da sind Schmerzen.« Steigere dich nicht hinein, versuche, nichts zu verändern, nimm sie nur wahr. Kein Schmerz bleibt unveränderlich. Je eher du annehmen kannst, dass es so ist, desto eher wird er sich weniger stark in dein Bewusstsein drängen. Beobachte, wie alles sich permanent verändert. So kann sich eine tiefe Verbindung zu deinem inneren Wesenskern entwickeln. Dort liegt die Quelle deines Glücks, wie Marc Aurel es formuliert: »Schau nach innen. Dort liegt die Quelle des Glücks und sie wird immer sprudeln, wenn du nur gewillt bist, beständig zu graben.« (36) Du begegnest dir, kommst der Person näher, die du wirklich bist. Verbindest dich mit deiner inneren Kraft.

Wenn die 20 Minuten zu Ende sind und du häufiger übst, wirst du feststellen, dass dir diese Forschungsreise zu dir selbst manchmal länger und manchmal kürzer erscheint. Unsere Fähigkeit, eine Zeitdauer objektiv einzuschätzen, ist nur gering ausgeprägt. Nicht immer ist alles so eindeutig und unveränderlich, wie du glauben magst. Bleibe noch einen Augenblick entspannt sitzen und lasse deine Erfahrungen Revue passieren.

Wie hast du die Reaktionen deines Körpers erfahren? Er ist ein weitaus unbestechlicheres Messinstrument als deine Gedanken oder deine Gefühle. Er nimmt vieles auch schneller wahr, als du es gedanklich fassen kannst. Auch diese Fähigkeit stammt aus Urzeiten, in denen es wichtig war, sofort zu reagieren. Viele Menschen haben leider verlernt, in Einheit mit dem Körper zu leben, dessen Reaktionen wahrzunehmen. Du bist dieser Körper, und doch fühlt es sich oft an, als seien da zwei: dein Körper und du. Doch es gibt dich nicht ohne ihn, und Geist, Gedanken, Gefühle machen aus, wer du bist. Deshalb ist es wichtig, dass du dich mit dem Körper verbindest. Dass du lernst, diese Einheit wahrzunehmen, sie spürst und die körperlichen Reaktionen einordnen kannst. Vollkommen akzeptierst, was du fühlen, spüren und wahrnehmen kannst.

Auch immer wiederkehrende, eingebrannte Erinnerungen, die der Körper ebenfalls speichert, kannst du auf diese Weise auflösen.

Wenn du in Gedanken in der Vergangenheit unterwegs bist, dann wirst du erleben, dass auch die Körperempfindungen und manchmal sogar Gerüche oder Bilder wiederauftauchen. Jeder von uns kennt Erinnerungen, die peinlich sind, schmerzhaft, immer noch Groll auslösen. Sie sind ein exzellentes Übungsobjekt für Akzeptanz.

Du kannst diese Übung jeden Abend, nach deiner kurzen Abendreflexion, durchführen und so die Schleifspuren, die das Leben als innere Narben hinterlassen hat, nach und nach abtragen. Du trägst manche Situationen sicher schon lange mit dir, ohne dass es gelungen wäre, diese zur Seite zu schieben oder sie zu ignorieren. Dies kann nicht gelingen. Sobald eine ähnliche Situation auftritt, sind sie plötzlich wieder da. Mit aller Kraft stören sie deine Handlungen, deine Gefühle, deine Gedanken und werfen dich aus dem Modus der reifen inneren Gelassenheit. In einem meditativen Geisteszustand und mit der Technik der Akzeptanz können sich diese nach und nach auflösen.

Wenn Ereignisse dich extrem belasten, alte Traumata nach oben drängen, dann solltest du diese Übung nur nach Absprache mit einem erfahrenen Therapeuten oder Lehrer durchführen. Er kann dich gezielter anleiten und begleiten als dieses kleine Übungsbuch.

Wenn du mit dieser Übung etwas Erfahrung gesammelt hast, dann lässt sich diese Grundhaltung wunderbar im Alltag einsetzen. In einer inneren Haltung der Achtsamkeit und Akzeptanz dessen, was ist, kannst du Menschen viel intensiver und wertschätzender begegnen.

»Widrigkeiten mit einem ruhigen Gemüt zu ertragen, und dem Unglück die Stärke und die Last zu rauben.« (37) Mit diesen Worten beschreibt Seneca die heilsame Wirkung der Akzeptanz. Hier liegt der Schlüssel, um dem Unglück die Macht über dein Leben zu entziehen und dir Handlungsfähigkeit in jedem Augenblick zu geben.

IV. MIT HERAUSFORDERUNGEN SOUVERÄN UMGEHEN

»Nicht bloß, was die Natur dem Menschen schickt, ist ihm zuträglich, sondern es ist ihm auch gerade dann von Nutzen, wann sie's schickt.« (38)

Diese Grundhaltung, die sich in Marc Aurels Zitat zeigt, durchzieht das gesamte Denken der Stoa. Selbst wenn du gerade gemütlich zu Hause sitzt und entspannt in die Abendsonne blickst, ist dieser Satz durchaus eine Provokation. Was immer auch geschehen mag, soll einen tieferen Sinn haben und dir dabei helfen, dich weiterzuentwickeln? Falls du jetzt beim Lesen einen inneren Widerstand spürst, ist das verständlich. In unserer verplanten Zeit erscheint es merkwürdig, dass unvorhersehbare Ereignisse, die den täglichen Lauf des Universums stören, eine Hilfe auf deinem Weg sein sollen. Dass sie dich sogar dabei unterstützen können, gelassener mit schwierigen Situationen umzugehen.

Deine Vorstellung ist sicher eine andere: Wie einfach wäre dein Leben, wenn heute alles problemlos laufen würde, so, wie du es dir vorgestellt hast? Leider sieht die Wirklichkeit völlig anders aus. Selten funktioniert etwas so, wie es soll. Jeder hat ein paar besondere Trigger, die dazu führen, beim kleinsten Anlass total aus der Fassung zu geraten. Auch Marc Aurel war als junger Mann sehr jähzornig und aufbrausend. Die Haltung der Stoiker, alles was geschieht als notwendig zu betrachten, als Übung, um gelassener und glücklicher zu leben, half ihm, diese Eigenschaften abzulegen.

Ich habe vor Jahren an einem Assessment-Center teilgenommen. Ich war die einzige Frau und meine Mitbewerber kannten sich aus Gremien und anderen Vorstellungsrunden. In mehrfacher Hinsicht war ich die totale Außenseiterin, und mein Selbstbewusstsein schwand langsam dahin. Der erste Tag war eine totale Katastrophe, am liebsten wäre ich abgereist. Am zweiten Assessment-Tag lief meine Performance besser, zur Überraschung der Leiter, ich hatte meine Fassung wiedergewonnen. Die Vorstellungsrunden bei den potenziellen zukünftigen Führungskollegen waren bizarr. Es war klar, diese Stelle sollte auf keinen Fall eine Frau bekommen. Nun könnte man meinen, das wäre eine absolute persönliche Katastrophe gewesen. Mit der Stelle hat es nicht geklappt, aber der Leiter des Assessments kam aus derselben Stadt wie ich und bot mir eine Mitfahrgelegenheit an. Das Gespräch auf dieser Autofahrt war eines der lehrreichsten zum Thema Bewerbung, das ich je geführt habe. Auch mit der Aussage, Frauen in Führungspositionen gäbe es kaum, deshalb sei sein Erfahrungsschatz hier begrenzt. Bei meiner nächsten Bewerbung, ein paar Wochen später, konnte ich alle diese Beobachtungen und Erkenntnisse einsetzen, und ich habe die Stelle bekommen.

Erst am Ende, im Rückblick, wird klar, ob etwas, das dir passiert, ein Fehlschlag war, eine persönliche Katastrophe oder eigentlich ein großartiges Geschenk des Universums.

VERÄNDERE DEINE GEFÜHLE

Eine schwierige Situation positiv für dich zu nutzen, ohne in Verzweiflung zu stürzen, kannst du lernen. Es braucht hierzu ein wenig Mut und natürlich eine strukturierte Übung. Nimm dir die Zeit, dich am Abend hinzusetzen und die Ereignisse des Tages wirken zu lassen. Menschen sind Gewohnheitstiere, eingeschliffene Reaktionen lassen sich nicht von einem Tag auf den anderen verändern. Dieses Buch möchte dir auf deinem Weg helfen, die alten Reaktionsmuster zu erkennen. Die Macht der Gedanken hast du schon kennengelernt. Zusammen mit anderen Übungen der Stoa kannst du sie nutzen, um nach und nach in eine neue innere Haltung zu kommen. Hier ist das nächste Übungsmodul für deine abendliche Reflexionszeit.

Übung

Setz dich aufrecht hin. Bevor du deine Übung beginnst, betrachte eine Situation, die dich tagsüber sehr erschüttert hat. Nun lass sie noch einmal vor deinem inneren Auge auftauchen. Nimm deine körperlichen Reaktionen wahr, deine Gefühle, deine Gedanken. Wenn es dich zu heftig trifft, stell dir vor, wie du dich ganz vorsichtig in diese Situation zurückbegibst. Als ob du deinen Zeh in einen eisigen See streckst, um dann langsam hineinzutauchen. Es ist deine Entscheidung, wie viel Gefühl du nach und nach zulassen kannst. Es ist nur eine Übungssituation, wie tief du dich einlassen möchtest, liegt in deiner Hand.

Eine ebenfalls faszinierende Entdeckung: Du kannst deine Gefühle moderieren, lenken. Das mag sehr theoretisch klingen. Doch versuche es einfach, dann kannst du nach und nach besser mit dieser Übung umgehen. Wenn du dich nun in die Situation hineinfühlst, dann nimm deinen Atem wahr. Der Übergang in eine meditative Übung ist fließend. Spüre deinen Körper, analysiere die Situation nicht, betrachte die auftauchenden Gedanken wie ein Forscher. Fange aber nicht an, zu bewerten oder dir eine Strafpredigt zu halten. Warte in dieser meditativen Haltung ab, bis die Gefühle und Gedanken nach und nach verebben und nur deine Körperwahrnehmung und ein inneres Gefühl der pulsierenden Energie bleiben. So kannst du Situationen, die dich aus der Bahn geworfen haben, einfach noch einmal betrachten. Den Blickwinkel ändern. Die Gefühle und Gedanken sind weggefallen, nur die pulsierende Energie ist geblieben. Diese Gefühle haben keine Substanz. Wie sie gekommen sind, verschwinden sie wieder, wenn du sie nicht mit Gedanken und Bewertungen fütterst. Alle schwierigen Situationen werden so zu deinem Trainingsfeld. Die Energie, die du in diesem Moment spürst, steht dir zur Verfügung, ist deine innere Power.

Oftmals sind es Begegnungen mit Freunden, Kollegen, in der Familie, die dich aufwühlen, dich tief im Inneren verletzen. Diese Reaktionen waren den Stoikern wohlvertraut. Sie haben sich ausführlich damit auseinandergesetzt, um besser mit solchen Erlebnissen umgehen zu können.

»Sobald dir jemand weh getan hat, musst du sogleich untersuchen, welche Ansicht über Gut und Böse ihn dazu vermochte. Denn sowie dir dies klar geworden, wirst du Mitleid fühlen mit ihm und dich weder wundern noch erzürnen. Entweder nämlich findest du, dass du über das Gute gar keine wesentlich andere Ansicht hast als er; und dann musst du ihm verzeihen. Oder du siehst den Unterschied; dann aber ist's ja nicht so schwer, freundlich zu bleiben dem, der sich geirrt hat.« (39)

Stell dir vor, du hast dich mit deiner Freundin verabredet. Im strömenden Regen hast du erst vor dem Treffpunkt, dann in einem Café gewartet. Du hast ihr eine Nachricht geschrieben und keine Antwort erhalten. Du bist verletzt, sauer und im wahrsten Sinne des Wortes aufgelöst. Am nächsten Morgen steht die Freundin überraschend vor deiner Türe. Für dich war der Abend eine deprimierende Erfahrung. Nun erzählt sie dir, dass ein Headhunter ihr einen unglaublichen Job angeboten habe und sie es deswegen nicht mehr pünktlich zur Verabredung geschafft hat. Als sie ankam, warst du schon weg. Dein Handy war aus, du hattest es wütend in den Flugmodus versetzt. Nun ist sie gekommen, um dir die Situation zu erklären.

Wie Marc Aurel schreibt, sind in diesem Falle eure Ansichten nicht verschieden. Du solltest ihr verzeihen, großmütig sein, dich über das Jobangebot mit ihr freuen. Aber auch Mitgefühl mit deiner Freundin zeigen, denn für sie war es ebenfalls eine sehr schmerzliche Erfahrung, dass sie dich nicht mehr angetroffen hat. Wenn du die Situation noch einmal betrachtest, was ist passiert?

Du musstest im Regen nach Hause gehen, deinen Kaffee alleine trinken. Deine Vorstellungen, wie dieser Abend verlaufen sollte, haben sich nicht erfüllt. Du warst sauer, gekränkt und in deinem Kopf startete ein Gedankenkarussell: »Warum hat sie das getan? Wollte sie mich bewusst kränken? Das nächste Mal lasse ich sie stehen ...« Das lässt sich beliebig fortsetzen. Allerdings hilft dir dies in keiner Weise. Am Ende hast du vor lauter Wut keine angemessene Lösung gesucht, sondern bist völlig durchnässt, ausgepowert und gestresst zu Hause angekommen.

Hier wäre es sinnvoll gewesen, einfach festzustellen: Sie ist nicht zur rechten Zeit gekommen. Es wird Gründe geben. Wie du später erfahren hast, hat sie dies nicht in böser Absicht getan. Wenn du, nach ein paar Übungseinheiten, ein Ereignis so sehen kannst, wird dein Zorn rasch vergehen oder erst gar nicht auftauchen. In einer ähnlichen Situation rufst du dann einfach ein Taxi und fährst nach Hause. Denn was den emotionalen Tsunami anfeuert, sind die Geschichten, die sofort in deinem Geist auftauchen und deren Wahrheitsgehalt oft mehr als zweifelhaft ist. Wie Epiktet schreibt:

> »Nicht die Dinge selbst, sondern die Meinungen über dieselben beunruhigen die Menschen.« (40)

Betrachte die Situation am Abend mit etwas Abstand noch einmal und nutze die Meditationszeit, um die Gefühle ausklingen zu lassen. Wenn dies Teil deiner abendlichen Routine wird, dann werden sich die Leitungsbahnen in deinem Gehirn nach und nach verändern. Du gewinnst eine innere Distanz, die dir in schwierigen Situationen Klarheit und Entscheidungsfreiheit gibt.

DEM LEBEN POSITIV BEGEGNEN

Wenn du diesen Effekt noch verstärken willst, so nutze die Technik der Stoa, dein Augenmerk auf die positiven Ereignisse zu lenken. Nimm dir vor, jeden Abend drei positive Ereignisse des Tages besonders zu würdigen, um so die eigene innere Ausrichtung nach und nach zu verändern. Es geht nicht nur darum, abends die positiven Ereignisse hervorzuheben. Wichtig ist es, die eigene Perspektive so auszurichten, dass du bei anderen Menschen, wie auch bei dir selbst, die positiven Eigenschaften besonders würdigst:

> »Willst du dir eine Freude bereiten, so richte deinen Blick auf die trefflichen Eigenschaften deiner Zeitgenossen und siehe, wie der eine ein so hohes Maß von Tatkraft, der andere von Bescheidenheit besitzt, wie freigebig der dritte ist.« (41)

Bei jedem Menschen auf die Eigenschaften zu achten, die ihn besonders auszeichnen, das Leuchten in seinen Augen erkennen, wenn du diese hervorhebst. Die Freude spüren, wenn du ihn lobst. Damit veränderst du nicht nur deine Sicht, sondern auch die Wahrnehmung deines Gegenübers.

Deine Freundin ist eine wundervolle Frau, großzügig, intelligent und zuverlässig. Richte dein Augenmerk auf ihre positiven Eigenschaften, lamentiere nicht über die Unbill der Welt und das Unrecht, das dir geschehen sein mag. In dem Augenblick, in dem du klagst, ist die Situation ohnehin schon vorbei. Alles verändert sich, und es lohnt nicht, sich von aufwühlenden Gefühlen belagern zu lassen. Das Leben ist kurz, wenn du darüber nachdenkst, wird dies offensichtlich. Marc Aurel halfen, als jungem Wilden, die überlieferten Weisheiten, wenn er in einer schwierigen Situation war.

> »*Denke daran, dass du auch selbst viele Fehler machst und ein ähnlicher Mensch bist. Dass du aber, auch wenn du einige Fehler vermeidest, grundsätzlich fehlbar bist, auch wenn du dich auch aus Feigheit, aus Angst vor Schande oder aufgrund eines anderen Übels vor ähnlichen Fehlern bewahrst.*«

Sei nicht überheblich, wenn du mit viel Selbstdisziplin oder aus Angst vor Strafe deine Worte im Zaum gehalten hast, denn manchmal hast du nicht einmal begriffen, dass du so gehandelt hast. Du hast möglicherweise deinen Fehler gar nicht erkannt.

Löse dich von deinen Vorstellungen. Was jemand gesagt oder getan hat, mag dir vielleicht schrecklich vorkommen, deinem besten Freund bedeutet dies nichts. Er hat im Leben andere Erfahrungen gemacht, eine andere innere Haltung entwickelt. Wenn du dir hierüber klar wirst, dann kannst du auch schwierige Situationen gelassen meistern.

»*Lass doch einfach davon ab und sei bereit, dein Urteil über eine angeblich schlimme Angelegenheit zu revidieren, und die Aufregung hat sich gelegt. Wie wirst du davon ablassen können? Indem du bedenkst, dass nichts, was dir Schande machen könnte, passiert ist.*« (42)

Wie häufig urteilen wir und sind verstimmt, ohne wirklich die Zusammenhänge zu kennen, wie in unserem Beispiel gezeigt.

NUTZE DIE MACHT DER FREUNDLICHKEIT

»*Dass Freundlichkeit unbesiegbar ist, wenn sie echt und nicht geheuchelt oder vorgetäuscht ist. Denn was wird dir der unverschämteste Kerl schon antun können, wenn du nicht aufhörst, freundlich zu ihm zu sein, und ihn, falls es sich so ergibt, mit Nachsicht ermahnst und ihn in aller Ruhe eines (durch dein Beispiel) Besseren belehrst – gerade in dem Augenblick, wo er versucht, dich schlecht zu behandeln. Es ist aber erforderlich, dies weder mit ironischem noch mit vorwurfsvollem Unterton zu tun, sondern liebevoll und ohne innerlich gekränkt zu sein, und nicht, wie es in der Schule üblich ist, oder zu dem Zweck, dass ein anderer, der dabeisteht, dich bewundert.*« (43)

Klingt das nicht wunderbar? Sollte es so einfach sein, wie Marc Aurel es hier beschreibt? Bedingungslose Liebe und Freundlichkeit als wichtigstes Werkzeug, um gelassen schwierige Situationen zu verändern.

Das ist einfacher gesagt als getan. Wahrscheinlicher ist es, dass du zunächst den Impuls spürst, dich zur Wehr zu setzen, dein vermeintliches Recht einfordern willst. Plötzlich hat dich Zorn gepackt. Wenn du dies in der Situation erkennst, dann ist das ein großartiger erster Schritt, um aus dieser Wut herauszukommen. Du kannst innehalten, schweigen, dich so aus dem Würgegriff der stürmischen Gefühle befreien.

Liebe deine Feinde und die Hindernisse, die dir begegnen: Das ist ein hohes Ziel, doch in kleinen Schritten ist es erreichbar. Jede schwierige Situation ist dein Übungsfeld. Es lohnt sich, wenn Angst, Wut oder Trauer auftauchen, sie anzunehmen, liebevoll zu betrachten. Diese plötzlich in Erscheinung tretenden inneren Widersacher und wilden Gefühle wie ein Forschungsreisender zu beobachten. Statt in ihnen Feinde zu sehen, die du loswerden möchtest, sie in den Arm zu nehmen, innezuhalten. Je häufiger dir dies gelingt, desto seltener werden dich unerwartete Situationen aus der Bahn werfen. In der Übung kannst du leicht erkennen, dass diese Gefühle veränderlich sind, und so wie sie aufgetaucht sind, werden sie auch wieder verschwinden. Wenn du dies immer wieder erfährst, kannst du gelassener und liebevoller mit dir und deinen Nächsten umgehen.

Wenn du eine Situation gemeistert hast, die außerordentlich belastend für dich war, dann betrachte sie noch einmal. Beobachte, wie du dich fühlst. Hast du das Gefühl, dass du knapp einer Katastrophe entgangen bist? In diesem Fall wirst du einer ähnlichen Situation wieder ängstlich gegenüberstehen. Die Stoiker kannten die tiefgreifenden, heilsamen, transformierenden Kräfte, die unsere inneren Bewertungen hervorrufen oder vernichten können.

»*Heut, sprichst du, bin ich aller meiner Plage entronnen. Sag lieber: heute habe ich all meine Plage abgeworfen. Denn in dir, in deiner Vorstellung war sie, nicht außer dir.*« (44)

Wenn du dir, wie Marc Aurel, sagst, dass du deinen Ballast, deine »Plage« abgeworfen hast, dann hast du diese Entscheidung getroffen. Du hast die Dinge, die dir auf der Seele liegen, die dich belasten, über die Mauer deiner eingefahrenen Verhaltensmuster geworfen. Das ist großartig. Du bist nicht mühsam davongekommen, du hast die Entscheidung getroffen, es anders zu machen. Wie du etwas empfindest, hängt von dir ab, nicht von äußeren Umständen. Was für dich eine große Herausforderung scheint, kann für deinen Nachbarn völlig unproblematisch sein.

VERGIB DIR: DIE KRAFT DER VERGEBUNG

»Sooft du unter dem Fehler eines anderen zu leiden hast, frage dich, ob du nicht auch in ähnlicher Weise gefehlt.« (45)

Vieles, was wir bei anderen Menschen glasklar erkennen, entzieht sich unserem Blick auf uns selbst. Blinde Flecken der Selbstwahrnehmung. In der Morgenmeditation kannst du damit arbeiten. Zeige nicht mit dem Finger auf die Fehler der anderen. Denke daran, dass dann vier Finger auf dich zurückzeigen. Setz dich hin und lass dich noch einmal auf ein Gefühl oder eine Situation ein, in welcher du dich wenig vorteilhaft verhalten hast. Hier ist eine kleine Übung, um diesen Ballast abzuwerfen, dich aus deinen Bewertungen und Vorurteilen zu befreien.

Übung

Sage zu dir: »Ich vergebe mir.« Wiederhole diesen Satz, bis du innerlich wahrnehmen kannst, dass du dir für dein Verhalten wirklich vergibst.

Auch wenn du das Gefühl hast, ein anderer sei an deinem Unge-

mach schuld, vergib dir selbst. Denn damit etwas dich so antriggern konnte, dass du zum Beispiel wütend wurdest, muss es einen inneren Anteil geben, der ein Spiegel des äußeren Vorfalls ist. Wenn du mit dir im Reinen bist, dann wirst du nicht wütend, weil dir jemand den Parkplatz weggeschnappt hat. Das passiert nur, wenn dieser Anteil dies als Kränkung erfährt. Ihn sprichst du mit diesem Satz an.
Sobald du die Akzeptanz und innere Vergebung wahrnehmen kannst, ändere den Satz zu »Ich vergebe dir«. Auch hier wiederhole ihn, bis sich die inneren Wogen glätten und du wirklich vergibst.
Dann formuliere: »Du vergibst mir« oder »Ihr vergebt mir« (je nach Situation). Wiederhole diesen Satz ebenfalls.
Wenn dir diese Übung schwerfällt, weil immer wieder Urteile und Geschichten deine Konzentration unterbrechen, dann pausiere kurz, lächle dir liebevoll zu, nimm deinen Atem wahr, spüre deinen Körper und versuche es noch einmal. Mit dieser Übung kannst du Empfindungen und Urteile, die dich schon lange quälen, die dich immer wieder in problematische Situationen bringen, abschleifen.
Nicht immer wird es dir gelingen zu vergeben, dann solltest du während der Übung immer wieder den innerlichen Resetknopf drücken. Lächle, spüre den Atem, nimm deinen Körper wahr. Dann beginne erneut.

Du solltest mindestens 20 Minuten üben, um einen Effekt zu erzielen. Es ist auch sinnvoll, dies über einen längeren Zeitraum zu praktizieren, denn es führt neurophysiologisch zu nachhaltigen Veränderungen.

Alle Übungen in diesem Buch kannst du je nach deiner persönlichen Situation einsetzen. Wenn dein Thema gerade schwierige Gefühle und Situationen ist, dann nutze diese Übung so lange, bis du merkst, dass die Mitmenschen dir anders begegnen. Oder anders gesprochen, du sie auch anders wahrnimmst. Dieser Prozess kann durchaus ein paar Wochen dauern. Dann mach morgens eine Zeit lang nur diese Übung. Nimm wahr, was passiert, deine inneren Widerstände, deine Gefühle, deine Körperwahrnehmungen. Wenn du auf ein Hindernis stößt, wie den inneren Schweinehund, der dir zuruft, »Was soll das Ganze?«, solltest du die Trainingssequenz unterbrechen. Dann bringe dich mit der Übung zum inneren Widerstand (siehe Seite 22) wieder in eine bessere Startposition.

Wenn du die Morgenübung beendet hast, überlege, welche Herausforderungen an diesem Tag auf dich warten. Nicht alles ist vorhersehbar, aber auf die Gespräche und Situationen, die du schon geplant hast, solltest du dich innerlich vorbereiten.

»Beginnt den Morgen, indem ihr euch sagt, heute werde ich auf den treffen, der viel Wind macht, auf den Undankbaren, den Arroganten, den Verräter, den Neidischen, den Unsozialen.« (7)

Was auch immer du an Schwierigkeiten vor dir siehst, dieser Satz von Epiktet kann dich unterstützen. Er kann dein Leitspruch, deine Affirmation zur Entwicklung innerer Stärke und Gelassenheit werden.

Manche Widrigkeiten lösen sich auf, wenn du nicht sofort reagierst. Wenn du die kleine Meditationsübung ausgeführt hast, wirst du feststellen, dass du nicht gleich in dein übliches Reaktionsmuster fällst. Etwas ist geschehen: Zwischen dem Reiz der Situation und deiner Reaktion ist eine kleine Lücke entstanden. Wenn du dir etwas Zeit lässt, wirst du eine bessere Lösung finden. Die automatischen alten, eingeschliffenen Reaktionen sind schwächer geworden. Du bist nicht mehr das Opfer deiner Gewohnheiten, sondern gewinnst die Macht über dein Leben.

Ohne dich in den üblichen Verhaltensweisen zu verfangen, bleibt dir mehr Zeit. Zeit, die du mit deinem Partner verbringen kannst, für deine eigene Entwicklung, deine Hobbys. So öffnet sich eine Türe zum gelassenen, positiven und liebevollen Umgang mit dir selbst. Mit der wunderbaren Übung der Vergebung startest du in einer völlig anderen Stimmung in den Tag. Du kannst der Arbeit und den Turbulenzen auf diese Weise entspannter entgegensehen. Es werden nicht erneut Stresshormone ausgeschüttet. Du bist nur in diesem Augenblick, nicht verstrickt in Dinge, die schon vergangen und nicht mehr zu ändern sind. Nicht gefangen in Gedanken über die Zukunft, die du nicht vorhersehen kannst. Du hast alles getan, was an Vorbereitung möglich ist. Ein kleiner Schritt hin zu innerer Gelassenheit und zum Glück.

V. DIE WURZELN DES GLÜCKS

»… *wenn du dich von dir selbst trennen kannst, also von deinen Gedanken … ist alles, was du in der Vergangenheit gesagt oder getan hast, alles was dich erschüttert, im Hinblick auf zukünftige Ereignisse nichtig … denn dies alles fesselt dich gegen deinen eigenen Willen. Deshalb löse dich von Vergangenheit und Zukunft und nutze deine Kraft, um vollkommen das Leben so zu leben, wie es ist – in der Gegenwart. So kannst du alle Zeit, die dir bis zu deinem Tode bleibt, ruhig, mitfühlend und gelassen leben.*« (46)

Wenn du es schaffst, dich im Laufe des Tages immer wieder ganz auf den jeweiligen Moment einzulassen, dann wirst du wesentlich gelassener mit Schwierigkeiten umgehen. Lass deine Gedanken los. Die meisten sind nur unbedeutende neuronale Entladungen. Sie verbinden dich mit der Vergangenheit oder sind deine Projektionen einer zukünftigen Katastrophe. Sie bergen keine tiefen Einsichten, sie sind wertlose Kommentare und binden dich an gewohnte Reaktionsweisen. Wenn es dir immer besser gelingt, im Augenblick zu verweilen, dann stellen sich innere Ruhe und Gelassenheit fast von selbst ein.

DEIN VORBILD ALS MENTOR

Erinnere dich an die erste Übung, in der du dir ein Vorbild gewählt hast (siehe Seite 18). Prüfe, ob es für dich immer noch eine große Strahlkraft hat, gleichgültig, ob dies eine historische Person wie Marc Aurel, der Dalai-Lama, Theresa von Avila, dein Nachbar oder auch eine Figur aus einem Buch oder Film war. Entscheidend ist nur, dass dein Vorbild den Weg hin zu Stärke und Gelassenheit bereits gegangen ist. Dann kannst du viel von ihm lernen, es ist eine Quelle der Inspiration. Insbesondere, wenn du frustriert bist, weil wieder einmal etwas schiefgegangen ist.

Schon Epiktet und Marc Aurel hatten die große Kraft, die in einem Vorbild liegt, erkannt. Für Marc Aurel war dies sein Adoptivvater, den er für seinen Führungsstil als Kaiser bewunderte. Horaz beschreibt den stoischen Idealtyp eines weisen Menschen, der stets selbstbeherrscht und unbeeindruckt von Armut, Ketten oder Tod ist, seine Leidenschaften infrage stellt und auf Machtgehabe herabsieht, als ein Wunschbild, ein Vorbild, nach dem wir streben sollten (47).

»Ein solcher Mensch wäre vollständig in sich selbst ruhend,
rund und glatt. Diese Haltung verhindert,
dass sich äußere Elemente an seiner polierten Oberfläche
festsetzen, die so glatt und undurchdringlich ist,
dass sich das Schicksal nur selbst verletzt,
wenn es versucht, ihn anzugreifen.« (48)

An dieser Haltung würden Schwierigkeiten einfach abperlen, sie würden den inneren Kern der Gelassenheit, deren Elemente Horaz hier beschreibt, nicht erschüttern. Stell dir diese unzerstörbare innere geschützte Sphäre bildlich vor. Gib diesem Bild Raum. Dann kannst du es immer wieder in dir wachrufen. Als inneren Anker, um dich in die Schuhe deines Vorbilds zu stellen.

Betrachte dein Vorbild noch einmal. Prüfe, ob es Gelassenheit, Güte, angemessenes Handeln, Gerechtigkeit und Weisheit repräsentiert. Wichtig ist vor allem, dass du dir genau vorstellen kannst, wie diese Person in verschiedenen Situationen handeln würde. Probiere aus, ob es dir gelingt, dich in einer kritischen Lage in ihre Handlungsweise zu versetzen. Nur dann kannst du auf diese Kraftquelle zugreifen und mühelos in die Perspektive des Vorbilds wechseln.

Frage dich, bevor du wütend explodierst: »Wie würde mein Vorbild sich verhalten, wie hätte sie oder er jetzt reagiert?« Stell dir vor, du wärst bereits weise und gelassen, ein gütiger Herrscher, eine große Göttin, die gelassene Heldin deiner Geschichte. Versetze dich in diese Person. Wie würde sie an deiner Stelle wohl handeln? Versuche, dich ebenso zu verhalten. Stell dir genau vor, wie du in tiefer Gelassenheit in deiner neuen Rolle, lächelnd und gütig, einem schwierigen Menschen gegenübertrittst. Wie du seine Not erkennen kannst, seine Gefühle, seine Unsicherheit. Wappne dich so für die Begegnung. Deine Gedanken, deine Handlungen werden andere sein. Probiere es aus. Auch dein Gehirn, das formbar ist, wird sich anpassen und verändern.

Dabei ist es nicht entscheidend, ob du in eine echte Situation verwickelt bist oder ob es nur eine Vorstellung ist. Ein amerikanischer Yogalehrer sagte einmal zu mir, als ich Probleme mit einer Körperstellung hatte: »Fake it, till you really make it.« Es macht nichts, wenn du dir erst einmal selbst etwas vorspielst. Auch dies verändert deine innere Haltung und dich selbst.

Auch Seneca riet: »Wähle jemanden, dessen Lebensweise und Worte … deine Anerkennung gewonnen haben.« (49) Rufe ihn dir immer wieder ins Gedächtnis, entweder als deinen Berater oder als dein Vorbild. Denn wir brauchen jemanden als Maßstab, an dem wir unseren Charakter messen können: »Ohne Lineal können wir aus einer krummen Linie keine Gerade machen.« (50)

Dein Vorbild hilft dir, immer gelassener zu werden, besser mit heftigen Emotionen umgehen zu können, die selbst lebenserfahrene Menschen aus dem inneren Gleichgewicht bringen können. Findest du es nicht auch immer wieder überraschend, wie schnell das passiert, wenn ein Satz deine Gefühle antriggert?

LASS DICH NICHT ANTRIGGERN

»Wenn man dem ersten Besten Gewalt über deinen Leib gäbe, das würde dich entrüsten. Scheust du dich denn nicht, jedem Beliebigen, der dir begegnet, Gewalt über dein Gemüt zu geben, so dass er dasselbe erschüttern und in Unruhe versetzen kann, sobald er sich mit dir zankt?« (51)

Wie Epiktet hier analysiert, würden wir niemandem die Herrschaft über unseren Körper überlassen, wohl aber über unseren inneren Zustand, häufig unfreiwillig. Sobald Gefühle entflammt werden, bist du plötzlich nicht mehr Herr im eigenen Haus. Du bist verstrickt und deine innere Gelassenheit scheint Lichtjahre entfernt und unerreichbar.

Jemand hat eine Bemerkung über deine Freundin gemacht, du bist verletzt, ein Verteidigungsmechanismus springt an. Du bist wütend, da diese Bemerkung nichts mit dem gerade geführten Gespräch zu tun hatte. Eigentlich eine Kleinigkeit. Wenn du gelassen wärst, würdest du sofort erkennen, dass dein Gegenüber einfach versucht, dich zu reizen, zu ärgern, um von den eigenen Problemen abzulenken. Du könntest erkennen, dass dein Kollege mit seiner Präsentation nicht fertiggeworden ist und nun deine Schwachstelle, bewusst oder unbewusst, ausnutzt. Leider ist es keineswegs einfach, gelassen zu bleiben, wie du sicher immer wieder erlebst. Vielleicht gibt es in dir ein Muster, das Stärke mit der Lautstärke deiner Worte verknüpft. Hinterher fühlst du dich ausgelaugt, und dein Gegenüber hat erreicht, was es wollte: Dich aus der Bahn zu werfen und einen Vorteil aus deinem Reaktionsmuster zu ziehen.

Nach und nach wirst du mit schwierigen Gefühlen besser umgehen können. Auch in problematischen Situationen kann nun immer häufiger tiefe innere Ruhe durchschimmern. Wenn du dich ganz in diese Stille hineinbegibst, dann öffnet sich ein innerer Raum der Gelassenheit. Je besser es dir gelingt, dich immer wieder in diesen Raum zu begeben, desto stärker wird deine innere Kraft und tiefe Ruhe. Gelassen im Auge des Taifuns zu stehen und die eigenen Entscheidungen aus einer Position der Kraft und Klarheit zu treffen, war und ist ein Hauptziel des stoischen Lebensentwurfs.

Gelassenheit lässt sich nicht verordnen. Die stoische Philosophie beschreibt, dass sie sich, ebenso wie Glück und innere Freude, nach und nach einstellt. Alles, was du brauchst, ist ein bisschen Disziplin, um auf diesem Übungsweg weiterzugehen. Damit sich die Leitungsbahnen in deinem Gehirn verändern, solltest du regelmäßig trainieren, dein eigenes Ritual immer weiterentwickeln. Dir für deine Reflexionen und Übungen die Zeit am Morgen und am Abend gönnen. Auch wenn etwas nicht so gelingt, wie du es dir vorgestellt hast, bleibe dabei. Genau diese immer wieder auftauchenden Probleme, Rückschläge und Hindernisse sind dein bestes Trainingsfeld.

Nimm sie einfach an als das, was sie sind: Hinweise auf noch nicht gelöste innere Verstrickungen. Auf eingefräste Erfahrungsspuren, die du nie infrage gestellt hast und die dir manchmal völlig unerwartet eine Reaktion aufzwingen, von der du sicher warst, sie längst hinter dir gelassen zu haben. Keine Sorge, diese überfallartigen Handlungsmuster werden immer schwächer, je häufiger du ihre Wurzeln kappst. Die Werkzeuge dafür hast du in den ersten Kapiteln des Buches bereits kennengelernt. Deine eigene innere Grundhaltung immer wieder zu hinterfragen, ist eine Grundübung der stoischen Philosophie. Zu akzeptieren, was du dort findest, und nicht gegen deine eigenen Erfahrungen anzukämpfen, gehört zu ihren Grundtechniken. Wie aber lassen sich Gelassenheit und unerschütterlicher Gleichmut weiterentwickeln? Du findest die Lösung in dir selbst.

ENTWICKLE SANFTMUT UND MILDE

»Wenn du aber zornig bist, dann halte dir vor Augen, dass nicht die Wut ein Zeichen von Männlichkeit ist, sondern die Sanftmut und Milde, dass diese Haltung nicht nur menschlicher, sondern auch männlicher ist und dass sie mit Stärke, Spannkraft und Tapferkeit verbunden ist, die der Aufregung und dem Ärger fehlen. Je mehr sich diese Haltung der Freiheit von Affekten annähert, desto kraftvoller ist sie.« (52)

Marc Aurel entdeckte die Stärke dieser sanftmütigen Grundhaltung. Er ging mit großer Milde mit seinen schärfsten Kritikern um. Ein gütiger Herrscher, der sich wie fließendes Wasser an die Gegebenheiten anpasste. Wasser verändert ganze Landschaften, gräbt Flussbetten und dringt durch die kleinsten Ritzen. So kann Sanftmut mehr verändern als aggressives Handeln. Auch wenn du es kaum glauben magst, allein die Vorstellung der Milde verändert schon dein Verhalten. Für den Augenblick magst du dich zwar anderen gegenüber aggressiv durchsetzen können. Doch kaum hast du ihnen den Rücken zugekehrt, werden sie sich von dir abwenden. Du hast keinen dauerhaften Sieg davongetragen, die Veränderungen, die du erreichen wolltest, sind nicht nachhaltig.

Wissenschaftliche Studien zeigen heute, dass eine gelassene, sanftmütige Grundhaltung direkten Einfluss auf unser Umfeld hat (53). Wenn du dies bedenkst, dann ist es umso schmerzlicher, wenn du immer wieder aus dem Modus der Gelassenheit fällst. Mit dieser Grundhaltung finden sich oft Lösungen, ohne dass du energisch eingreifen musst. Dies spart Zeit und Energie. Dein Umfeld kann und wird sich mit dir weiterentwickeln. Ein spannendes und lohnendes Ziel.

Doch wie kannst du dorthin gelangen? Wie kannst du für dich diesen inneren Raum der unerschütterlichen Ruhe erschließen? Die gute Nachricht: Gelassenheit muss keineswegs schon in deinen Genen angelegt sein, du kannst sie trainieren. Glücklicherweise liefern dir die vielen alltäglichen Probleme reichlich Übungsmaterial. Je stärker dich etwas aus deiner Mitte wirft, desto besser ist diese Erfahrung dafür geeignet, dich mithilfe der stoischen Übungen voranzubringen. Daran zu wachsen und dich weiterzuentwickeln. Nimm in einem ruhigen Moment Kontakt zu dir auf. Betrachte die Dinge, die dich aus der Bahn geworfen haben. Dann stelle dir vor, wie dein Vorbild sich verhalten würde. Denke an Marc Aurel, versuche gütig, mild und sanftmütig mit dir selbst umzugehen. Dann kannst du diese gelassene Grundhaltung mit in den Tag nehmen.

Dies ist ein weiterer Baustein auf dem Weg zur innerlichen Unerschütterlichkeit: Du kannst dich auf schwierige Situationen vorbereiten, in einer gelassenen Milde präsent sein. Dann wirst du deinen Mitmenschen offen begegnen können. Als Vorbereitung auf ein schwieriges Gespräch kannst du einen inneren Dialog beginnen und dich in die Position deines Gesprächspartners versetzen. Wenn du in dir selbst ruhst, wird es dir mühelos gelingen, verschiedene Perspektiven einzunehmen.

Übung

Nimm als Übungsbeispiel ein schwieriges Gespräch und lass es noch einmal Revue passieren. Betritt den inneren Raum der Stille. Setz dich an deinen Platz und halte inne. Steige aus dem Gedankenkarussell aus. Nimm die Sätze, die dich am meisten genervt haben, und betrachte sie. Lass die vorgefassten Meinungen und gefühlsgetränkten Sätze, die in dir unaufgefordert auftauchen, ziehen.

Nimm, wie bei der Übung mit dem inneren Schweinehund (Seite 22), auch wirklich einen anderen Platz ein, wenn du dein Problem aus einer neuen Perspektive betrachten möchtest. Stelle dir deinen Gesprächspartner vor. Gib deiner Aufgabe eine Gestalt. Spüre, wie sich diese Sätze anfühlen, wenn du sie aus der Sichtweise deines Gesprächspartners noch einmal zitierst. Setz dich auf deinen Platz zurück und nimm wahr, ob du nun gelassener und anders reagieren kannst. Wenn du sehr an deinen Argumenten hängst, nicht einfach loslassen kannst, wenn es dir schwerfällt, eine neue Perspektive zu finden, nimm dein Notizbuch zur Hand. Schreibe einfach auf, was dir einfällt, ohne Wertung. Schau dir an, was du geschrieben hast. Greife die Elemente heraus, die neu und ungewöhnlich sind. Danach wechsle deinen Platz und vertritt die neuen Erkenntnisse. Dann setz dich wieder zurück auf deinen ursprünglichen Platz.

Auf diese Weise lernst du nicht nur den anderen, sondern zuallererst dir selbst zuzuhören. Die vorgefassten Denk- und Verhaltensweisen hinter dir zu lassen. So vorbereitet, kann dich in einem Gespräch nicht mehr viel überraschen. Wenn es dir dann gelingt, mit ungeteilter Aufmerksamkeit zuzuhören, wirst du die Fallstricke in einer Unterhaltung leicht erkennen. Viele Menschen versuchen, dich bewusst oder unbewusst zu reizen, deine Gefühle anzutriggern, um deine Aufmerksamkeit zu erregen. Kinder sind hierin manchmal wahre Meister. Du aber wirst erst einmal gelassen einfach nur zuhören.

DIE KUNST DES PERSPEKTIVENWECHSELS

»Gewöhne dich daran, sorgfältig den Worten der anderen zuzuhören und dabei, soweit irgend möglich, dich in den Geist des Redners zu versetzen.« (54)

Dieser Perspektivenwechsel und der innere Dialog sind Grundtechniken der Stoa. Die Strategie, die Marc Aurel hier beschreibt, nennt man heute »achtsame Kommunikation«. In Schulungen wird sie gezielt trainiert und ist vielseitig einsetzbar.

Wenn du dich auf diese Weise vorbereitest, wirst du offener, sicherer und gelassener in ein schwieriges Gespräch starten. Die Gefühle deines Gesprächspartners finden kein Widerlager, an dem sie sich einhaken können. Wenn du ihm dann erst einmal nur zuhörst, mit vollkommener Aufmerksamkeit präsent bist, dann werden deine Wertungen und Gefühle dich nicht ablenken. Du wirst überrascht sein, wie ein solches Gespräch verläuft. Gleichgültig, wie die Position und die Vorstellungen deines Gegenübers sind, du hörst dir diese erst einmal wertschätzend an. Diese Fähigkeit, ohne emotionalen Aufruhr verschiedene Perspektiven einnehmen und zulassen zu können, kann kritische Gespräche in einen kreativen Austausch verwandeln. Denn was kann dir passieren? Wenn dein Gesprächspartner eine neue Idee hat, kannst du diese einfach annehmen.

> »Denk daran, dass es gleichermaßen Zeichen innerer Unabhängigkeit ist, seine Meinung zu ändern wie dem zu folgen, der uns auf den richtigen Weg zurückbringt.« (55)

Manchmal fällt es dir sicher schwer, zuzugeben, dass die Idee eines anderen origineller als deine eigene ist. Dass dieser einen Sachverhalt besser erfasst hat. Dann ist es mit der Gelassenheit rasch vorbei. Das ist umso schwieriger, wenn diese Vorschläge von einer Person kommen, die du bisher wenig geschätzt hast. Aber wahre Gelassenheit besteht genau darin, eine bessere Idee freudig aufzunehmen. Nicht deinen Kopf durchzusetzen, sondern den anderen Vorschlag nun mit aller Kraft voranzubringen. Dann ist dir der Perspektivenwechsel geglückt.

Das kann bedeuten, etwas aufzugeben, an dem dein Herz hängt. Wenn du den Grundsätzen der Stoa folgst, kannst du immer wieder überraschenden Einsichten begegnen. Sage nicht, das Projekt sei gescheitert. Bewerte es wie Epiktet: »Sprich nie von einer Sache: Ich habe sie verloren, sondern: Ich habe sie zurückgegeben.« (56) Eine völlig andere Sicht. Wenn du etwas zurückgibst, hast du die Entscheidung getroffen und dir damit einen Freiraum geschaffen. Dann ist dieser einfache Satz ein Schlüssel zur Gelassenheit. Wache auf aus deinen Träumen, aus der Vorstellung, dass die Wirklichkeit unveränderbar sei. Verabschiede dich von der Idee, dass es nur eine Lösung gibt, die du verfolgen solltest, und lebe in der Freiheit dieser Einsicht.

Wenn es dir in kritischen Situationen immer wieder gelingt, verschiedene Sichtweisen einzunehmen, wirst du wesentlich gelassener durch problematische Gespräche navigieren können. Du findest das schwierig? Selbst der Versuch des Journalings hat dich nicht weitergebracht? Das ist nicht ungewöhnlich. Wenn du immer wieder an denselben Punkten und Triggern hängenbleibst, dann hilft ein Blick von außen. Nimm dir eine kleine Auszeit. Such dir einen geeigneten

Sparringspartner. Das kann eine Freundin, ein Coach, eine Supervisorin sein. Einem anderen Menschen die Probleme zu schildern, die eigenen Gedanken auszusprechen, statt an unterschwelligen Gefühlen festzukleben, führt oftmals schon zu mehr Klarheit. Die Stoiker wählten als Begleitung Mentoren, die diesen Entwicklungsweg mit all seinen Problemen und Widrigkeiten bereits selbst durchlebt hatten. Mit einer anderen Person kann es besser gelingen zu verstehen, was dich hindert, denn manchmal bedarf es eines Blicks von außen, um dann wieder allein weitergehen zu können.

Wirklich schwierig werden Gespräche, wenn du Menschen begegnest, die über dich lästern, Unwahrheiten verbreiten oder dich ausbooten wollen. Dann ist es schwer, gelassen zu bleiben. Diese Verhaltensweisen waren auch zu Marc Aurels Zeiten häufiger Anlass für Auseinandersetzungen. Stell dir vor, dein Partner würde, wie Marc Aurels Frau, Intrigen gegen dich spinnen. Dann ruhig zu bleiben und nüchtern zu entscheiden, ist eine echte Herausforderung. Wenn du in deiner Abendübung noch einmal auf einen schwierigen Tag zurückblickst, dann kannst du die Probleme, Begehrlichkeiten und Hindernisse, die dir begegnet sind, mit etwas Abstand betrachten. Nutze sie, um mehr und mehr in die innere Haltung der Gelassenheit zu kommen: »Hat mich jemand beleidigt – mag er selbst zusehen. Es ist seine Neigung, seine Art zu handeln, der er folgte. Ich habe die meinige.« (57)

Du lässt, wie Marc Aurel, eine Beleidigung einfach stehen, sie kann dich nicht mehr treffen. Du lehnst die Verantwortung ab, dass du die Ursache dafür bist. Wie du sicher aus Erfahrung weißt, ist dies keineswegs einfach. Meist wird dein archaisches limbisches System reagieren. Du bist sauer. Deine Gelassenheit ist dahin.

Die Stoiker waren lebenszugewandte Menschen, die tiefgründigen Humor besaßen. Die Gabe, auch über sich selbst zu lachen, sich nicht immer so ernst zu nehmen.

> »Wenn dir jemand hinterbringt, dass der oder jene schlecht von dir rede, so verteidige dich nicht gegen das Gesagte, sondern antworte: Der wusste also nichts von meinen übrigen Fehlern, sonst würde er wohl nicht bloß von diesen gesprochen haben.« (58)

Humor ist ein unschlagbares Mittel auf dem Weg zur Gelassenheit. Damit wirkst du unangreifbarer als ein miesepetriger Dauernörgler. Souverän nimmst du so auch deinem größten Widersacher den Wind aus den Segeln. Wer über sich selbst lachen kann, hat ein großes Maß an innerer Gelassenheit erreicht. Langsam kommst du der Unerschütterlichkeit näher. Mit Humor reduzierst du Stress und senkst deinen Blutdruck. Lachen unterbricht den Gedankenstrom und verhindert, dass dein innerer Kritiker die Oberhand erhält.

Betrachtest du den Lauf der Zeiten und deine Vergänglichkeit, hat eine Aussage, die dich beleidigt, nur die Dauer eines Wimpernschlags. Es wäre verschwendete Lebenszeit, darauf einzugehen. Das gilt auch für Twitter und ähnliches. Schweigen kann hier Gold sein. Überlege immer, bevor du in einer Gefühlsreaktion antwortest, ob dieser verbale Schlagabtausch wirklich nötig ist. Ob du, unabhängig vom Wahrheitsgehalt einer Aussage, nicht Öl in das digitale oder analoge Feuer schüttest.

> »Wenn es nicht richtig ist, dann tu es nicht, wenn es nicht wahr ist, dann sag es nicht. Darauf sollst du alle deine Kraft verwenden.« (59) »Beobachte meistenteils Stillschweigen, oder sprich nur das Notwendige und auch dies mit wenigen Worten.« (60)

Diese Grundhaltung, die sich hier in den Sätzen von Marc Aurel und Epiktet zeigt, gibt dir auch in kritischen Situationen die Zeit, kurz innezuhalten. Du bist dann keine geeignete Zielscheibe für beleidigende Angriffe mehr. Du kannst einfach einen Augenblick auf deinen

Atem achten, deinen Körper wahrnehmen. Ein Berg sein. Berge kann man nicht beleidigen. Manchmal reihen sich Schwierigkeiten aneinander. Du seufzt dann vielleicht: »Warum muss das immer mir passieren?« Eine verständliche Reaktion. Wie sind die stoischen Philosophen diesen Herausforderungen begegnet?

HERAUSFORDERUNGEN MEISTERN

> *»Nichts passiert einem, was man nicht von Natur aus zu ertragen imstande ist. Einem anderen passiert dasselbe (wie dir), und entweder weil er nicht weiß, dass es passiert ist, oder weil er seine innere Stärke zeigen will, bleibt er ruhig und unberührt. Es ist aber schlimm, wenn Unwissenheit und das Bedürfnis zu gefallen stärker sind als die Einsicht.«* (61)

Eine wunderbare Einsicht der stoischen Philosophen war, dass das Leben uns nur Aufgaben stellt, die wir auch lösen können. Manchmal wirst du das Gefühl haben, dass es nun wirklich zu viel sei. Dann lies dieses Zitat von Marc Aurel noch einmal. Es bedeutet keineswegs, stumpfsinnig jede Last, jede Aufgabe anzunehmen und zu schultern. Es geht um den kreativen Umgang mit den Herausforderungen des Alltags. Wenn eine Aufgabe nicht lösbar scheint, zu viele Anfragen gleichzeitig auf dich einprasseln, erst einmal anzuhalten. Nicht prahlerisch zu verkünden, alle Probleme lösen zu können. Dich nicht zu verbiegen, damit deine Antworten den Erwartungen deines Chefs entsprechen, obwohl sie den Sachverhalt nicht widerspiegeln.

Weisheit im Sinne der Stoa bedeutet, Aufgaben sinnvoll zu strukturieren. Was kann warten? Welche Aufgabe kann eine Kollegin ohnehin besser erledigen? Wo werden dein Wissen und deine Fähigkeiten wirklich benötigt? Meist wird eine Aufgabe leichter, wenn du sie erst einmal von allen Seiten betrachtest, und dann den besten Weg findest. Dir die Aufgabe neu stellst: »Was ist denn tatsächlich die Frage an mich, welches Problem steckt dahinter?« Wenn du das auslotest, öffnen sich oft neue Sichtweisen. Wenn du merkst, wie schwer dir das fällt, wenn du ungeduldig wirst und dich nicht konzentrieren kannst, dann solltest du eine kleine Pause machen. Die Anspannung wahrnehmen und loslassen.

BLEIBE GELASSEN

»Wenn die Kraft der Umstände deine Gelassenheit stört, verlier keine Zeit damit, deine Selbstbeherrschung wiederherzustellen, und bleib nicht länger verstimmt als nötig. Wenn du es dir zur Gewohnheit machst, zur Harmonie zurückzukehren, so wirst du dies immer besser meistern.« (62)

Der erste Schritt ist einfach. Lass die Gedankenspiralen, welche die immer gleichen Dinge wiederkäuen, ins Leere laufen. Die Vergangenheit ist vorbei, und damit sind die Ereignisse, die dich frustrieren, auch nicht mehr zu ändern. Sei nicht verstimmt, wenn etwas nicht gut gelaufen ist. Setz dich einfach hin und schließ deine Augen. Wenn dies, zum Beispiel im Büro, nicht möglich ist, dann schau entspannt auf deinen PC oder in die Ferne.

Übung

Stelle dir einen großen Berg vor. Ein Gebirge, das groß und mächtig in der Abendsonne ruht. Die Bergflanken schillern im Abend-

rot, und die Bäume und Wiesen liegen sattgrün in tiefer Stille. Sieh, wie die Wolken über diesen Berg ziehen, Schatten werfen, doch sie verändern die majestätische Gestalt des Berges nicht. Ungestört ruht er in sich selbst. Nun nimm deinen Körper wahr. Dein Gewicht auf dem Stuhl, dem Kissen. Stell dir vor, du seist ein solcher Berg. Mit deinem ganzen Gewicht ruhst du auf der Erde. Diese trägt dich, ebenso wie das Gebirge. Du bist dieser Berg. Die Gedanken, die dich aufregen, deine Gefühle, die Anfechtungen deiner Mitmenschen sind ebenso flüchtig wie die Wolken, die am Berg vorüberziehen. Manchmal werfen sie Schatten. Lass sie weiterziehen und bleibe in der unerschütterlichen Gelassenheit des Berges.
Spüre die tiefe Stille, die dich und den Berg verbindet. In dieser Stille öffnet sich ein Raum der tiefen, gelassenen Ruhe und Kraft. Verbinde dich mit diesem inneren Ort der grenzenlosen Weite. Hierhin kannst du immer wieder zurückkehren. Den Körper wahrnehmen, dein Gewicht und deine Schwierigkeiten an die Erde abgeben. Im inneren Raum deines Wesens verweilen. Bleib so lange sitzen, bis du die innere Stille wahrnehmen kannst.

Diese Übung lässt sich, mit etwas Erfahrung, in wenigen Minuten an jedem Ort durchführen. Aber auch wenn du nur kurz Zeit hast, ist sie sehr heilsam. Du bist der Berg, der Fels der inneren Ruhe. Je häufiger du dich mit dem inneren Ort der Stille verbindest, desto besser kannst du auch in schwierigen Momenten gelassen bleiben. Sei der Berg, den auch die Bergsteiger, die ihre Klettereisen einschlagen, deine schwierigen Gesprächspartner, die missmutige Nachbarin nicht wirklich verändern.

Doch auch wenn dir dies nicht gelingen mag: Sei nicht betrübt. Erinnere dich an die Sätze von Marc Aurel. Wenn du dich grämst, ist das Ereignis schon geschehen. Es mag sinnvoll sein zu analysieren, was geschehen ist, um solche Situationen in Zukunft besser zu gestalten. Herauszufinden, was genau dich aus deiner inneren Mitte geworfen hat. Hierzu kannst du deine Morgen- und Abendübungen nutzen.

Aber verurteile dich nicht. Versuche mehr und mehr im Augenblick zu verweilen. Nicht in alten Geschichten hängenzubleiben und auch keine Horrorszenarien der Zukunft zu entwerfen.

Wenn du merkst, dass es dir schwerfällt, wieder zur Gelassenheit zurückzufinden, dann kann dir auch körperliche Aktivität helfen. Manche Menschen joggen gerne und laufen aus der Anspannung in einen Flow. Du bist dann ganz im Augenblick, jeder Schritt ist nur ein Schritt. Die Gedanken versiegen, die Anspannung fällt ab. Für die optimale Wirkung solltest du allerdings beim Laufen keine Musik und keine Podcasts hören. Sonst schleichen sich in deine Wahrnehmung die Inhalte der gehörten Medien ein. Du gibst deinen inneren Freiraum ab, wirst eingelullt von fremden Ideen. Die Gelassenheit kann sich so nicht in der notwendigen Tiefe einstellen.

Fast noch schneller wirkt bewusstes Gehen. Dies hat den Vorteil, dass du jeden Weg, den du gehst, für diese Übung nutzen kannst. Jede Treppe wird dein Übungsfeld. Diese Art zu gehen, bedarf ebenfalls eines gewissen Trainings. Übe am besten, wenn dich keine schwierige Situation belastet. Suche dir einen ruhigen Ort, eine Wiese, einen kleinen Weg. Alte Klöster hatten hierfür Kreuzgänge, eine bekannte Strecke, auf der man einfach nur gehen konnte. Wege, die du kennst, ohne Gefahrenstellen, sind ebenfalls gut geeignet.

Übung

Bleib am Anfang der Übung kurz stehen und nimm deinen Körper wahr. Deine Füße, das Gewicht, das sie tragen. Dann mach den ersten Schritt. Spüre, wie der Boden sich anfühlt, deine Schuhe, deine Füße. Achte genau auf die Bewegung beim Gehen. Wann hebst du den Fuß? Wie fühlt sich die Wade an? Dein Oberschenkel? Dein Gesäß? Wann setzt du den Fuß auf? Wann hebst du den anderen Fuß für den nächsten Schritt? Geh zunächst sehr langsam, um die Bewegung ganz auszukosten. Du bist vollkommen mit diesem sonst automatischen Gehen verbunden. Es gibt nichts außer dem nächsten Schritt. Wenn dich viele Gedanken und Gefühle verfolgen, deine Verbindung zum Fuß, zum Körper stören, dann benenne innerlich jeden Teil des Vorgangs: »Der Fuß hebt sich, die Wade spannt sich an, das Gesäß hält das Bein ...«

Du wirst im Laufe der Zeit feststellen, dass diese Art zu gehen sehr entspannend und erdend wirkt. Du wirst deinen Körper dabei immer deutlicher wahrnehmen, mit ihm verbunden sein. So kannst du stressige Gefühle und Situationen Schritt für Schritt loslassen. Um die Gedankenspiralen zu unterbrechen, kann es sehr hilfreich sein, die Schritte zu zählen, während du deinen Körper wahrnimmst. Dann stellt sich Gelassenheit fast von selbst ein. Mit etwas Übung kannst du jede Wegstrecke auf diese Weise zurücklegen.

Wenn du mithilfe dieser kleinen Übungen wieder in einen entspannten Zustand gefunden hast, dann wende den Blick noch einmal nach innen. Betrachte, nun mit etwas Distanz, was dir widerfahren ist. Was immer dich aus deiner Mitte geworfen hat, nimm dir einen Augenblick Zeit, den Vorfall aus einer neuen Perspektive zu betrachten. Als Übung, die dir aufgegeben wurde, um daran zu wachsen, dich zu verändern, deiner wahren Bestimmung näherzukommen. Die Stoiker gingen davon aus, dass uns Schwierigkeiten begegnen, damit wir uns weiterentwickeln und lernen, dass große Probleme auch große Chancen bedeuten. Wenn es dir immer häufiger gelingt, aus emotionalen Erschütterungen auszusteigen und die Situation dann mit einem frischen Blick zu betrachten, wirst du nach und nach die Weisheit entwickeln, nach der die Stoiker strebten. Eigentlich ein einfacher Weg, du solltest ihn nutzen.

> »Wie der Fels im Meer, an dem die Wellen unaufhörlich
> rütteln, steht, so dass ringsum der Brandung Ungestüm sich
> legen muss, so stehe auch du! Nenne dich nicht unglücklich,
> wenn dir ein ›Unglück‹ widerfuhr! Nein, sondern preise dich
> glücklich, dass, obwohl es dir widerfahren ist, der Schmerz dir
> doch nichts anhat und weder Gegenwärtiges dich mürbe
> machen noch Zukünftiges dich ängstigen kann.« (63)

Allmählich wirst du dann deine Gedanken bestimmen. Du entscheidest, ob eine Erfahrung dich zu neuen aufregenden Ufern der Erkenntnis führt, dich wachsen oder grollen lässt. Der Groll schadet nur dir selbst. Die Einsicht, dass die Dinge sich nicht immer so entwickeln, wie du es dir wünschst, ist hier hilfreich.

Man könnte es eine geistige, innere Vorbehaltsklausel nennen, was Marc Aurel hier beschreibt. Jeden Tag müsse man damit rechnen, dass etwas schiefgehen wird. Denn irgendetwas geht immer schief. Vielleicht sind es nur Kleinigkeiten, über die du lächelnd hinwegschauen kannst. Es sind diese Hindernisse, die den Übungsweg zur Weisheit und Gelassenheit prägen, wenn deine innere Haltung das Unerwartete als normale Erscheinung der Welt zulässt.

BEREITE DICH AUF UNVORHERSEHBARES VOR

> »Wenn der in uns herrschende Geist seiner Natur folgt,
> kann es uns – den Ereignissen gegenüber – nicht schwerfallen,
> auf jede Möglichkeit vorbereitet zu sein und das Gegebene
> hinzunehmen. Das Festbestimmte, Abgemachte ist es dann
> überhaupt nicht, woran wir interessiert sind.
> Denn was uns gut und wünschenswert scheint,
> ist immer nur mit Vorbehalt ein Gegenstand unseres Strebens.

*Was sich uns aber geradezu in den Weg stellt,
betrachten wir als ein Mittel zu unserer Übung.« (64)*

Man könnte auch sagen: »Erstens kommt immer alles anders, zweitens als du denkst.« Reagiere flexibel auf die Hindernisse auf deinem Weg. Nutze deine morgendliche Übungszeit, dich zu wappnen, um Menschen und Situationen begegnen zu können, die anstrengend sind, die deinen Gleichmut herausfordern.

Wenn du dich auf eine neue Situation einstellst, wird es dir vielleicht schwerfallen, alles so nüchtern zu betrachten. Du wirst merken, dass es dir nicht gelingt, die Vorstellung einer bevorstehenden Katastrophe aufzugeben, völlig gelassen zu bleiben. In der Verhaltenstherapie gibt es hierfür eine großartige Achtsamkeitsübung. Sie ist in gewisser Weise eine moderne Ergänzung des Vorschlags von Epiktet, sich auf die Herausforderungen vorzubereiten (siehe Seite 74).

Übung

Setz dich einfach hin. Folge deinem Atem, du kannst völlig gelassen sein. Im Augenblick ist alles ruhig. Lass dich ganz auf diese gelassene Ruhe ein. Stelle dir einen Timer auf 5 Minuten. Überlege, was die größten Katastrophen sein könnten, wenn alles schiefläuft. Stelle dir diese bildlich vor. Spüre deinen Körper. Wenn der Timer läutet, stelle ihn auf 1 Minute. Beobachte wieder deine Atmung, völlig gelassen. Dann stelle den Timer erneut auf 5 Minuten. Male dir nun bildlich aus, dass alles großartig läuft. Wie es aussähe, wenn sich alles zu deiner größten Zufriedenheit entwickeln würde. Versenke dich in deine Körperempfindungen. (65)

Was immer dann während einer problematischen Situation im Laufe des Tages geschehen mag, du bist gewappnet. Auch die größte Katastrophe kann dir so nichts mehr anhaben.

Marc Aurel fand es leichtfertig, ohne die innere Grundhaltung, dass es auch schiefgehen könnte, den Tag zu beginnen. Wahre Gelassenheit kann sich nur entwickeln, wenn man auch das eigene Scheitern als Möglichkeit sieht und dies gelassen annehmen kann. Deine innere Haltung entscheidet, wie du mit einer plötzlich völlig veränderten Situation umgehst. Die Macht der Akzeptanz hast du schon kennengelernt. Überlege, ob du tatsächlich die Mittel und Möglichkeiten hattest, etwas anders zu gestalten. Diese Grundfrage zieht sich wie ein roter Faden durch die Schriften der Stoa:

»Wenn etwas in deiner Macht lag, warum hast du es getan? Wenn es die Schuld eines anderen war, warum hast du ihm Vorwürfe gemacht? Lag's an den Atomen oder den Göttern? Beides ist Unsinn. Niemandem darf man Vorwürfe machen. Denn wenn du es kannst, bring ihn auf den rechten Weg zurück. Wenn du es aber nicht kannst, dann berichtige die Sache selbst. Wenn du aber auch dies nicht kannst, was bringen dir dann noch die Vorwürfe? Denn was keinen Sinn hat, das darf man nicht tun.« (66)

Wenn es dir gelingt, so vorzugehen, wie Marc Aurel es hier vorschlägt, dann wird dich das zu einem anderen Umgang mit Problemen bringen. Erst einmal annehmen, was ist. Wenn du erkennst, dass du einem anderen beim Lösen des Problems helfen kannst, dann solltest du dies tun. Aber mit Respekt und aus tiefer Liebe zu den Menschen, nicht aus einer Position des überheblichen Besserwissers. Sonst weht dir sofort der harsche Wind des Widerstands entgegen, und du hast nichts gewonnen, sondern alle sind nur genervt.

Deshalb solltest du, wenn du merkst, dass es dir schwerfällt, gelassen zu bleiben, das Problem lieber selbst lösen. Kümmere dich um die Sache, suche keinen Schuldigen. Betrachte die Situation nüchtern und ohne zu werten. Beschuldige dich auch nicht selbst, falls das Problem sich nicht einfach lösen lässt. Akzeptiere, dass es nicht geht. Vielleicht findet sich in den folgenden Tagen, im Gespräch mit anderen, doch noch eine Lösung. Es ist auch keine Zeitvergeudung, wenn du so vorgehst, sondern du gewinnst Zeit, die du mit der Suche nach dem Schuldigen, den aufgeregten Vorwürfen und viel Gerede vertan hättest.

Marc Aurels innere Vorbehaltsklausel kann dich hierbei unterstützen und öffnet dir noch eine weitere Interventionsmöglichkeit.

»Wenn du morgens aufstehst, sage zu dir: Ich werde auf Wichtigtuer, Undankbare, Egomanen, Lügner, Eifersüchtige und Sonderlinge treffen. Sie alle sind von diesen Leiden betroffen, weil sie den Unterschied zwischen Gut und Böse nicht kennen.« (67)

Marc Aurel formuliert hier sehr ähnlich wie Epiktet (siehe Seite 74), allerdings geht er einen Schritt weiter. Mit großem Mitgefühl bemerkt er, dass diese Menschen gar nicht erkennen können, wo sie großen Flurschaden anrichten. Er sieht sie als Leidende, als Kranke, welche die Auswirkungen ihrer Handlungen nicht einschätzen können. Denen tief im Herzen die ethische Orientierung fehlt, um Gut und Böse unterscheiden zu können. Du solltest daher nicht wütend auf sie sein, sondern mitfühlend ihr Unvermögen erkennen. Diese innere Haltung der Güte und des Mitgefühls ist eine große Stärke.

Zeitmanagement durch Gelassenheit: Wer so handelt, schont sein Nervenkostüm. Nutze die dadurch gewonnene Zeit, um in der inneren Stille Kraft zu schöpfen. Für die nächsten Herausforderungen, die das Leben für dich bereithält, für kreative neue Ideen. Wir wissen heute, dass unsere innere Ausrichtung großen Einfluss darauf hat, wie wir etwas wahrnehmen und wie wir uns verhalten.

SAG JA ZUM AUGENBLICK

Wenn du in jedem Moment in der Lage bist, Ja zu sagen zu dem, was gerade ist, dann hast du dich einem stoischen Weisen angenähert. Das höchste Glück ist es, einfach zu akzeptieren, dass die Dinge so sind, wie sie eben sind. Wie du in den vorherigen Kapiteln erfahren hast, gibt es viele Wege, um in tiefem Frieden mit der Welt zu leben. Ohne fatalistisch zu sein, sondern um die wichtigen Dinge mit großer Kraft voranzutreiben.

Mach dir klar, dass du nur begrenzten Einfluss auf Ereignisse hast. Auf diese Weise ersparst du dir unnötige Sorgen und Befürchtungen und kannst deinen natürlichen Gleichmut wie eine geheiligte Sphäre wahren. Dies mag sehr abgehoben klingen, aber es ist genau dieser unerschütterliche Kern, den auch Trainer, Coaches und Lehrer in dir fördern wollen. Diese Quelle der Kraft, aus der du immer schöpfen kannst.

Die alten Philosophen werden deshalb nicht müde, stets zu betonen, dass jeder diesen Übungsweg gehen kann. Das wird dir manchmal besser und manchmal schlechter gelingen. Wichtig ist es, immer wieder den Kontakt zu dir herzustellen, ganz im Augenblick zu sein. Dich nicht zu verurteilen, wenn es mit der weisen Gelassenheit und unerschütterlichen Haltung nicht so glücklich gelaufen ist. Verfalle nicht in Selbsthass, du bist auf einem großartigen Weg. Mal ist dieser holpriger, mal geht es besser. Betrachte in deiner Abendübung ganz gelassen, wenn etwas tagsüber nicht funktioniert hat. Akzeptiere deine Gefühle und gehe liebevoll in die nächste Runde. Nimm jede weitere Herausforderung als neue Übung an. Nach und nach wirst du dich weiterentwickeln, oft ohne dass du es selbst merkst. Doch wenn dann eine Kollegin dich darauf anspricht, wie entspannt du in letzter Zeit mit Problemen umgegangen bist, ist dies ein untrügliches Zeichen deiner fortschreitenden Transformation.

Wie Marc Aurel wirst du immer wieder die Erfahrung machen, dass die tiefe Wahrheit, der Kompass deines Lebens und der Schlüssel zu den richtigen Entscheidungen in dir selbst verborgen liegen. Deine ethische innere Richtschnur. Wenn du nach diesem Schatz gräbst, dir selbst Raum gibst, dann kommst du der Weisheit und Gelassenheit ein großes Stück näher. Fühle in dir diese vibrierende innere Lebenskraft. Verbinde dich mit ihrer pulsierenden Energie und es wird dir leichter fallen, die richtigen Entscheidungen zu treffen. »Das wirksamste Besänftigungsmittel ist die tägliche Einkehr in sich selbst.« (68)

In diesem Punkt waren sich die griechischen Philosophen aller Schulen einig. Sie erkannten, dass einem glücklichen Leben die unbeherrschten Leidenschaften und plötzlich auftauchenden heftigen Gefühle im Wege stehen. Wenn du mithilfe der Stoa lernst, nach und nach aus diesen Emotionen auszusteigen, bis sie dich nicht mehr quälen, dann kann sich das tiefe Lebensglück in dir entfalten.

VI. INNERE STÄRKE ENTWICKELN

»Merkst du endlich, dass etwas Besseres und Göttlicheres in dir ist, als das, was die Leidenschaften hervorruft und was dich bald hierhin, bald dorthin zieht, gleich einer Puppe? Was waltet jetzt in meinem Denken? Ist's Furcht, Argwohn oder Begierde oder etwas anderes?« (69)

Gefühle und Vorstellungen sind flüchtig, lass dich nicht von ihnen täuschen. Leidenschaften waren für die Stoiker Gefühle, die uns schädigen können, wie Gier, Hass, Mitleid. Sie raten, wie hier Marc Aurel, sich nicht von spontan auftauchenden Gedanken leiten zu lassen, sondern nach dem inneren Bewusstseinsanteil zu forschen, der davon unbehelligt ist, der all dies wahrnehmen kann: deinem inneren Wesenskern, dem Göttlichen in dir. Manchmal kannst du die Verbundenheit mit diesem unerschütterlichen Teil deutlich wahrnehmen. Eine freudige Leichtigkeit und tiefe Gelassenheit. Dann hast du den Kontakt wieder verloren. Du beginnst vielleicht, an deinem Weg zu zweifeln. Wie kannst du nun erkennen, dass du vorankommst? Dass die Augenblicke innerer Stärke nicht schlagartig für immer verloren gehen? Doch dies ist nur eine weitere Vorstellung, die du dir selbst vorspielst. Deine innere Kraft ist immer vorhanden. Doch solange du nicht wirklich weise bist, wird es dir noch nicht immer gelingen »in gelassener Freiheit zu leben.« (70) Deshalb ist es verständlich, wenn du ins Zweifeln gerätst.

Dir fällt es schwer, dich mit deinem inneren Kern im turbulenten Alltag zu verbinden? Du glaubst, an einem anderen Ort, auf einer Trauminsel wäre es viel einfacher, gelassen zu leben? Diesen Gedanken haben viele Menschen. Auch Marc Aurel fand ihn verlockend, erkannte jedoch, dass dies das Leben einschränken würde:

> »Man liebt es, sich zuzeiten aufs Land, ins Gebirge, an die See zurückzuziehen. Auch du sehnst dich vielleicht dahin. Im Grunde genommen aber steckt dahinter eine große Beschränktheit. Es steht dir ja frei, zu jeglicher Stunde dich in dich selbst zurückzuziehen, und nirgends finden wir eine so friedliche und ungestörte Zuflucht als in der eignen Psyche.« (71)

Als Kaiser konnte er sich nicht aufs Land zurückziehen. Doch er fand in sich eine Quelle der Kraft. Die heilende Kraft des unbegrenzten inneren Raums, den dir niemand nehmen kann, zu dem es verschiedene Zugänge gibt.

Für die Stoiker war die Entwicklung der inneren Stärke, der leuchtenden inneren Kraft mit einem tugendhaften Leben verbunden. Lass diesen Begriff kurz auf dich wirken, lass deinen Blick nach innen schweifen. Für viele ist Tugend ein altertümlicher, angestaubter Begriff. Welche Bilder, welche Gedanken tauchen dabei in dir auf? Tugendhafte Jungfrauen, sittliche Normen, moralinsaure Sekten? Oder Personen, die ein Vorbild sind? Vorbilder einer den Menschen zugewandten inneren Ethik. Leitbilder eines Lebens aus einer Haltung des Mitgefühls und der Weisheit heraus. Kann uns dieser fremdgewordene Begriff helfen, in schwierigen Situationen besser zurechtzukommen? Für die Stoiker war Tugend kein theoretisch-philosophisches oder religiöses Konstrukt. Tugendhaftigkeit war der tiefste innere Kern, Richtschnur und Anker des alltäglichen Lebens. Eine innere Ausrichtung, die unabhängig von politischen und sozialen Umständen gültig war. Sie orientierten sich an Vorbildern, die Tugenden verkörperten. Für die Stoiker bedeutete ein tugendhaftes Leben in Harmonie mit der großen Natur zu leben. Die Entwicklung einer inneren Ethik war das Ziel. Auf Umsicht, Weisheit, Großmut, Aufrichtigkeit, Selbstbeherrschung und Integrität als innere Werte sollte das Leben ausgerichtet sein. Dann würden sich, ihrer Überzeugung nach, Lebensglück und Zufriedenheit von selbst einstellen. Sozusagen als Nebenwirkung. Mit dieser Grundhaltung kannst du die Dinge annehmen, wie sie sind, und bleibst gelassen in deiner Mitte. Es gilt immer, dem zuzustreben, was für alle gut ist. »Ein Licht in der Dunkelheit zu sein.« (72)

Natürlich waren sich die stoischen Philosophen darüber im Klaren, dass ein vollkommen tugendhaftes Leben fast unmöglich ist. Wahrhaft weise Menschen sind selten. Es ist ein lebenslanger Weg, und immer wieder tauchen Gefühle und Kränkungen auf, die unheilsame Reaktionen hervorrufen. Die Gegensätze der Tugend, die Laster wie Dummheit, Gedankenlosigkeit, Feigheit, Neid, Maßlosigkeit. Wenn du wieder einmal in ein altes Reaktionsmuster gefallen bist, dann solltest du dies auch annehmen. Erkennen, dass es so war. Dich aber dafür nicht verurteilen, sondern einsehen: Diesmal hat es nicht geklappt, das nächste Mal wird es besser sein. »Gib acht, dass du das nicht wieder tust, für dieses Mal sei es dir verziehen.« (73)

»Bleibe dir treu« (74): Wankelmut, sein Fähnlein opportunistisch in den Wind zu hängen, war für die Stoiker ein großes Laster, das die persönliche Entwicklung empfindlich stört. Die innere Ausrichtung auf das Gute sollte deine Handlungen steuern. Je schnelllebiger eine Zeit ist, desto dringlicher ist ein innerer Ruhepol nötig.

ENTWICKLE EINE INNERE ETHIK

> *»Der Kreislauf der Elemente verläuft oben, unten und ringsherum. Der Gang der Tugend ist ein anderer: dieser gehört zur göttlichen Ebene, und auf eine Art, die kaum wahrnehmbar ist, folgt sie glücklich ihrem Weg.«* (75)

Für die Stoiker öffnete tugendhaftes Verhalten eine Ebene des Göttlichen. Denn der griechische Begriff *areté* (Tugend) umfasst eben auch die unerschütterbare Ebene in dir selbst. Du kannst das Göttliche in dir als deinen inneren Wesenskern begreifen, der Weisheit und Mitgefühl umfasst. Auch in den schwierigsten Situationen besitzt du einen inneren Kompass. Unabhängig von äußeren Vorstellungen, sogar losgelöst von Religion und Riten. Wenn du dich mit dieser inneren Kraft verbinden kannst, gelingt es dir einfacher, aus den Verwicklungen und Sorgen der Alltagswelt auszusteigen.

Diese innere Sphäre wurde von dem vorsokratischen Philosophen Empedokles als »rund und wahr« beschrieben, dergestalt, dass sie weder von Feuer noch von Stahl, weder von einem Tyrannen noch von öffentlicher Zensur beschädigt werden könne. Du kannst sie dir wie einen Kevlar-Mantel aus hitzebeständiger, reißfester Faser vorstellen, eine Schutzhülle, an der plötzliche Veränderungen, Angriffe und Missverständnisse einfach abprallen. Sie können nicht in deine tiefere Schicht eindringen. Dein unerschütterlicher Kern, dein wahres inneres Wesen, bleibt völlig unberührt. Nimm Verbindung zu ihm auf. Stelle dir diesen leuchtenden, unzerstörbaren Wesenskern bildlich vor, gib ihm eine Gestalt. Wenn du dieses Bild immer wieder in dir wachrufst, kannst du dich besser mit dieser Ebene der inneren Ruhe verbinden. Bilder haben eine große Kraft und können dich dabei unterstützen, gelassen in den Stürmen deines Lebens zu stehen. Wir wissen heute, dass diese innere Haltung direkten Einfluss auf die Umwelt hat. Nicht nur du bist gelassener, sondern dies wird auch von deinen Mitmenschen wahrgenommen. Wer in dieser Weise wirkt und handelt, verändert somit die soziale Interaktion. Dein innerer Schutzschild wirkt auch im Außen. Wut, Hass, Neid und Eifersucht finden keinen Angriffspunkt mehr.

Diese innere Haltung kannst du üben, indem du dich immer wieder in die Perspektive deines Vorbilds begibst und versuchst, ihm nach und nach ähnlicher zu werden. Du kannst dich, unabhängig von äußerem Erfolg, Lob und Tadel mit deiner inneren Quelle des Glücks und der Lebensfreude verbinden.

»Die sittliche Vollkommenheit bringt es mit sich, dass wir jeden Tag leben können, als wäre er der letzte, frei von Zorn, Schlaffheit und Verstellung.« (76) Wäre das nicht großartig? Einfach im Augenblick leben, jeden Tag neu beginnen, ohne die üblichen Verwicklungen. Wenn die Tugenden ein Weg zu diesem Glück sind, überlege, welche dich in deinem Alltag stützen, stärken und deinen Weg begleiten könnten: Aufrichtigkeit, Mitgefühl, Mut, Güte, Großzügigkeit?

»Mögen andere ihre Freude haben, woran sie wollen; meine Freude ist, wenn ich eine gesunde Seele habe, ein Herz, das keinem Menschen zürnt, nichts Menschliches sich fernhält, sondern alles mit freundlichem Blick ansieht und aufnimmt und jedem begegnet, wie's ihm gebührt.« (77)

SEI GÜTIG

Seneca hat, paradoxerweise für den Despoten Nero, ein Buch über die Güte geschrieben, *De clementia* (78). Er war der Ansicht, dass sie eine Tugend sei und eine der wichtigsten inneren Haltungen im Umgang mit Menschen, auch mit uns selbst. Der wichtigste erste Schritt zur Güte ist die Entwicklung von wahrem Mitgefühl. Um mitfühlend mit Menschen umgehen zu können, bedarf es innerer Stärke und eines Trainingsweges. Diese Haltung des Mitgefühls unterscheidet sich deutlich vom Mitleiden. In neuen kernspintomographischen Untersuchungen konnte dies, was den Stoikern bereits bekannt war, gezeigt werden (79).

> *»Wenn du jemand weinen siehst aus Betrübnis, entweder weil sein Sohn in die Fremde gegangen ist, oder weil er das Seinige verloren hat, so gib Achtung, dass dich nicht die Vorstellung hinreiße, als sei jener im Unglück durch äußere Ursachen; sondern sprich nur sogleich: jenen drückt nicht das Ereignis selbst, – einen andern drückt es ja auch nicht, – sondern was er sich darunter vorstellt. Zögere zwar nicht, dich mit tröstenden Worten an ihn zu wenden, sogar mit ihm zu seufzen. Hüte dich aber, dass du nicht auch innerlich mitseufzest.«* (80)

Mitleid und Empathie können hilfreiche Einblicke in eine Situation und die Verfassung von Menschen gewähren. Für Therapeuten kann dies sehr nützlich sein. Doch es kann, wie Epiktet beschreibt, auch gefährlich auslaugen. Im Englischen gibt es hierfür den Begriff *compassion fatigue*. Er beschreibt den Zustand, in dem du in der Begegnung mit anderen Menschen, auch mit Patienten, nur noch Kraft verlierst.

Die Erfahrungen, die Epiktet hier schildert, lassen sich wissenschaftlich erklären. Mitleiden löst Stress aus, eine mentale Einengung, und schränkt so die Handlungsfreiheit ein. Im Gegensatz dazu aktiviert Mitgefühl Leitungsbahnen zu unseren Wohlfühlzentren (79). Es stärkt damit unseren Freiraum und löst Anspannung und Stress auf. Aus dieser Haltung heraus kannst du dich entspannt schwierigen Problemen stellen. Du hast dann Kontakt zu deiner inneren Stärke und strahlst Ruhe aus. Dieser innere Raum des Mitgefühls wirkt heilsam, für dich selbst, aber auch für die Menschen, die dir begegnen. So entsteht ein Raum, in welchem das Leiden sich auflösen kann.

Wenn du zu den sehr sensiblen Menschen gehörst, die unvermittelt von den Gefühlen anderer Menschen überrollt werden können, dann ist das Mitfühlen deine ganz persönliche Übung. Es funktioniert wie ein Schutzmantel. Während das empathische Mitleiden Energie kostet, verbraucht Mitgefühl keine Energie. Es ist dein Anker im Leben.

Echtes Mitgefühl auch für Menschen zu zeigen, die du schwierig findest: Wenn du in diese innere Haltung wechseln kannst, entwickeln sich innere Stärke und Gelassenheit. Wenn du mitfühlend und gütig mit Menschen umgehst, die dich nerven, die du aggressiv findest, dann wird deren Anspannung sich ebenfalls verringern. Wenn du es schaffst, diese kleine innere Distanz zu halten, dann wirst du dich nicht zu Gefühlsausbrüchen hinreißen lassen. Überlege kurz: »Was geschieht hier gerade?« »Sind das tatsächlich meine eigenen Gefühle?« Wenn du spürst, dass du völlig mit dem anderen mitschwingst, deine Gefühle die des anderen spiegeln, du also mitleidest, dann wechsle in eine mitfühlende Haltung. Das aktiviert deine innere Kraft. Versuche dir wieder ins Gedächtnis zu rufen, wie sich dein Vorbild verhalten würde.

Mitgefühl kann man trainieren. Du kannst dies gut am Ende deiner Morgen- oder Abendübung, aber auch tagsüber an einem ruhigen Ort machen. Ideal ist es, wenn du am Anfang mindestens 15 Minuten dafür einplanst. Wenn du diese Übung einmal beherrschst, kannst du mit wenigen Atemzügen und Sätzen in den Zustand des Mitgefühls wechseln.

Übung

Suche dir einen ruhigen Platz. Setz dich, schließ deine Augen oder entspanne den Blick. Komm erst einmal bei dir an. Nimm wahr, wie es dir gerade geht. Nimm deinen Körper wahr. Gib dir Zeit, bis der Alltagsstress etwas von dir abgefallen ist. Am besten konzentrierst du dich auf deinen Atem, dann wird es am schnellsten in dir etwas ruhiger. Nun spüre dein Herz, vielleicht kannst du den Herzschlag wahrnehmen, deinen Puls spüren, beobachte ihn liebevoll. Fühle einfach die Wärme in deinem Brustkorb, das warme Feld hinter deinen Rippen. Verbinde dich mit dieser Wahrnehmung. Langsam verwandelt sich diese Wärme in ein weiches, warmes, goldenes Licht. Sage dir nun:»In diesem Licht geht es mir gut. In diesem Augenblick geht es mir gut. Möge es mir immer gut gehen. Möge ich glücklich und von diesem goldenen Licht umgeben sein. Möge ich in gelassenem Frieden hier sitzen. Ich spüre das innere Lächeln der großen Güte und Gelassenheit in mir. In der goldenen Wärme meines Herzens fällt jede Anspannung von mir ab.« Lass dieses goldene Licht größer werden, fühle, wie es sich ausdehnt, den Raum einnimmt. Wende dich innerlich einem Menschen zu, den du liebst. Tauche diesen Menschen in deiner Vorstellung in das goldene Licht. Spüre die Liebe, das Mitgefühl und die Güte, die von dir ausgehen. Mögest du glücklich sein, mögest du in Frieden leben, mögest du gesund sein. Wende dich nun dem Menschen zu, der leidet. Umhülle ihn mit diesem Licht, fürsorglich legst du einen Mantel des Lichts um ihn. Mögest du glücklich sein, mögest du in Frieden leben, möge dein Leiden sich in diesem Licht auflösen. Dann wende dich einem Menschen zu, über den du dich geärgert hast. Tauche auch ihn in das goldene Licht, schaue ihm lächelnd ins Gesicht:»Mögest du glücklich sein, mögest du in Frieden leben, möge deine Ungeduld, dein Ärger, dein Neid (wähle, was dir richtig erscheint), sich in diesem Licht der Liebe und Güte auflösen.« Verweile in diesem goldenen Licht, im tiefen Mitgefühl und großer Güte mit dir selbst und mit allen Wesen. Wenn die Leichtigkeit der Übung nachlässt, nimm deinen Körper wahr, öffne langsam die Augen und komm wieder an deinem Platz an. Fühle, wie es dir geht.

Diese Übung stärkt dein Mitgefühl und den Kontakt mit dir. Du bist nun ein Ort der Güte. So kannst du eine Perspektive außerhalb des Mitleidens, der Bewertungen und inneren Kommentare einnehmen. Fürsorglich für dich und den anderen da sein. Mit dieser kleinen Übung kannst du dich mit einem inneren Raum des Glücks, der Freude und des Mitgefühls verbinden. Dort in der tiefen Stille deines Herzens findest du die Kraft, dein Leben in die Hand zu nehmen. Lass die Vorstellungen fallen, folge nicht den Einflüsterungen, wer du zu sein hast. Finde heraus, wer du wirklich bist.

FINDE STÄRKE IN DIR

»Glückseligkeit ist das Ziel, nach dem jedermann strebt, allein die Vorstellungen, die man sich von diesem Ziele macht, sind ebenso irrig wie der Weg ... das wahre Glück hängt nur von der Beschaffenheit unseres Inneren ab.« (81)

Der Blick nach innen in deiner morgendlichen oder abendlichen Übungszeit ist wichtiger Ausgangspunkt, um in Kontakt mit deinen Potenzialen, Hindernissen und Bedürfnissen zu kommen. Zu ergründen, ob du im Einklang mit deinen Tugenden gehandelt hast. Lass am Abend die Ereignisse des Tages an deinem inneren Auge vorüberziehen. Dann lass diese los. Du wirst nach und nach erkennen, wo deine persönlichen alten Triggerpunkte sitzen, die dich aus der inneren Mitte werfen, plötzlich dein Handeln bestimmen. Jedes Mal, wenn du diese erkennst und akzeptierst, dass sie ein Teil von dir sind, werden sie schwächer. Deine zerebralen Leitungsbahnen werden sich verändern. Du kannst auf Herausforderungen aus einer Position der inneren Stärke und Gelassenheit reagieren. Diese Zeit gehört ausschließlich dir selbst. Hier bist du frei, du musst niemandem gefallen. Du kannst dich deinen Idealen immer mehr annähern. Wähle deine Übungen den Herausforderungen entsprechend, die dir begegnen. Wenn du erkennst, dass du dich verbogen hast, um besser in eine Gruppe, zu Kollegen oder deiner Familie zu passen, dann betrachte dies gelassen. Wichtig ist, dass du dir das Recht auf deinen eigenen Weg innerlich zugestehst, dann kann er sich entfalten. Die Stoiker waren pragmatische Realisten und sahen die Schwierigkeiten auf diesem Weg als natürlichen Teil der persönlichen Weiterentwicklung:

> *»Sei nicht abgestoßen, entmutigt oder unzufrieden, wenn es dir nicht gelingt, immer nach den rechten Regeln zu handeln. Wenn es misslingt, dann kehre zum Ausgangspunkt zurück und sei dir sicher, dass der größere Teil von dir im Einklang mit der menschlichen Natur ist. Liebe das, wohin du zurückkehrst. Wende dich nicht der Philosophie zu, als ob diese der Meister wäre. Sondern handele, wie jemand der ein Augenleiden hat. Lindere den Schmerz mit einem Schwamm, einem Ei, bringe einen Verband an oder kühle mit Wasser. Denn wenn du so vorgehst, dann wirst du der Vernunft folgen und dort deine Ruhe finden. Erinnere dich, dass die Philosophie nur der Dinge bedarf, die auch deiner Natur entsprechen.«* (82)

Es ist nicht immer möglich, den inneren Regeln oder Tugenden gemäß zu handeln. Dies gehört zum menschlichen Leben. Hadere nicht mit dir, betrachte liebevoll und neugierig, was geschehen ist. Wenn du auf diese Weise mit Problemen und Schwierigkeiten umgehst, wird es mit jedem Mal leichter. Langsam, Schritt für Schritt, werden dir die Dinge besser glücken. Lindere deinen Schmerz, indem du vollkommen akzeptierst, dass es nun mal so gelaufen ist. Dies ist die Medizin, von der Marc Aurel in seinem kleinen Text spricht. Auch die Philosophie bietet keine magische Zauberformel, mit der man in ein paar Schritten in die immerwährende Glückseligkeit katapultiert wird. Es existiert keine Fee, die mit einem Fingerschnippen alle Hindernisse, Schmerzen und Leiden beseitigt. Doch du brauchst auch keine Zauberfee für diesen Weg.

Die Stoiker haben viele Übungen entwickelt, die heute aktueller denn je sind. Vielleicht fragst du dich, »Warum soll ich mich mit Tugenden beschäftigen?« Nur durch die innere Auseinandersetzung und Beschäftigung mit ihnen wirst du unabhängiger in der Beurteilung von Meinungen, Artikeln und Gesprächsinhalten. Lass die Tugenden einfach einsickern in dein Denken, Fühlen und Handeln, sie wirken dann wie eine Impfung gegen unsachliche Argumente und Aussagen. Die Stoa legte großen Wert darauf, dass alle Handlungen in der Vernunft *(logos)* begründet waren und Menschen in Einklang mit der Natur leben und handeln. Mit ihrer Hilfe kannst du deine Werkzeuge entwickeln und dein eigenes Tun aus der Vogelperspektive des Ganzen betrachten. Der Wechsel in die Sichtweise deines Vorbilds ist eine solche Übung.

Wiederum ist die wichtigste Erkenntnis an dieser Stelle, dass deine Vorstellungen deine Wahrnehmung und die Welt beeinflussen. Lerne, nicht jedem deiner Gedanken blind zu folgen. Dann kannst du die plötzlich auftauchenden Ansichten und Wertungen fallen lassen. Auch wenn dies überraschend klingen mag, wenn du diese Übungen für dich nutzt, dann stellen sich Freude und Glücksgefühle ein, die nicht an äußeren Ereignissen und Dingen hängen. Wut und Hass verschwinden, ebenso das Bedürfnis, außen nach Zufriedenheit zu suchen. Die

Begeisterung über einen neu erworbenen Gegenstand verfliegt rasch. Das innere Glück aber bleibt. Du kannst auf diese Weise dein Bewusstsein entwickeln, dein höheres oder auch tieferes inneres Selbst stärken. Du wirst dann zufriedener leben und so auch die Welt um dich herum verändern.

ZIEHE GRENZEN

Gehörst du auch zu den Menschen, die schlecht Nein sagen können? Schnell noch eine weitere Aufgabe annehmen? Dann plötzlich merken, dass es nicht zu schaffen ist? Vielleicht explodierst du dann, wenn dich ein Kollege um einen kleinen Gefallen bittet, und verstehst gar nicht, weshalb du nun so sauer bist? Grenzen zu setzen, Schritt für Schritt, Tag für Tag, Übung für Übung, ist ebenfalls ein Ausdruck innerer Stärke.

Das klingt einfach, doch ist es oftmals sehr schwierig, das rechte Maß zu erkennen, die eigenen Grenzen auszuloten. Mach dir deine Überforderung zunutze, setze dich hin und spüre der Situation noch einmal nach. Versuche, den Punkt festzumachen, an welchem deine Balance gekippt ist. Überlege, welche Aufgaben, welche Herausforderungen es in diesem Augenblick außerdem noch gab. Solltest du eigentlich deine Tochter vom Kindergarten abholen? Gab es eine andere zusätzliche Belastung? Wo hast du die Verbindung zu deinem inneren Ruhepol verloren?

> *»Überfordere dich nicht. Wenn du eine Rolle übernimmst, die deine Kräfte übersteigt, so gibst du dir nicht nur hierin eine Blöße, sondern versäumst auch die, die du hättest ausführen können.« (83)*

Epiktet kannte solche Situationen. Innere Stärke zeigst du auch, wenn du deine Grenzen erkennst und angemessen handelst. Es ist besser, Nein zu sagen und die Aufgaben gut auszuführen, die dir am Herzen liegen und deinen Fähigkeiten entsprechen. Sich nicht immer mehr aufbürden zu lassen. Im Privatleben wie im Beruf ist dies oftmals nicht so leicht. Wichtig ist, dir erst einmal klar zu werden, dass das Limit erreicht ist. Du kannst die bisherigen und neuen Aufgaben betrachten, etwas anderes nach hinten schieben oder eine klare Grenze ziehen. In der Familie musst du abwägen, was wirklich wichtig ist. Manchmal bedeutet dies auch, aus der Komfortzone herauszutreten. Dann aber ganz bewusst und mit der inneren Haltung, dass etwas nicht möglich ist. Wenn du dein Kind abholen musst, weil dein Partner im Stau steht, muss das Training im Fitnesscenter eben warten, dein Arzttermin verschoben werden. Dinge zu priorisieren ist sehr wertvoll. Nutze diese Situationen auch, um zu überlegen und wahrzunehmen: »Was ist denn wirklich wichtig?« »Was gibt meinem Leben Sinn?«

> »Ziehe dich in dich selbst zurück! Die uns beherrschende
> Vernunft ist ja so beschaffen, dass sie am richtigen Handeln und
> an der daraus hervorgehenden Ruhe Genügen findet.« (84)

Die Stoiker waren der Ansicht, dass es am besten sei, sein Leben möglichst einfach zu gestalten. Ist es wirklich nötig, immer nach dem Außergewöhnlichen zu suchen? Nach dem angeblich besten Bäcker, der angesagtesten Partylocation. Viele Dinge musst du ausprobieren, die Stoiker meinten hier zu Recht, es sei ein Schwanken zwischen Tugend und Laster. Immer wieder wirst du feststellen, dass du trotz bester Vorsätze etwas tust, das dir oder einem anderen Menschen schadet.

»Umgib dich mit Einfachheit und Mäßigung und bewege dich gleichmütig zwischen Tugend und Laster. Liebe die Menschen.« (85)

Finde für dich den entspannten Mittelweg. Komme aber nicht in eine innere Haltung, zu glauben, dass du besonders tugendhaft bist, nur deine Art zu leben richtig ist. Das führt schnell zu Überheblichkeit und Rechthaberei. Den Stoikern ging es immer um ein ausgewogenes Leben, um eine gesunde Balance. Was bedeutet innere Balance? Dass du dich nicht dem Laster hingibst, klingt für uns altmodisch, denn unsere Vorstellung davon ist eine völlig andere als die der Stoiker. Für sie waren Laster die Schattenseite der Tugenden. Zum Beispiel statt Mäßigung zu üben, sich der Gier nach immer mehr Dingen auszuliefern.

Entgegen mancher Vorstellungen waren die Stoiker sinnlichen Freuden jedoch keineswegs abgeneigt. Sie erkannten allerdings, dass man unfrei ist, wenn man jedem Reiz nachgibt. Wenn du jedem Impuls, etwas zu essen, jedem Flirtangebot, jedem vermeintlichen Schnäppchen folgst, dann brauchst du immer mehr und immer stärkere Reize. Hier die Balance zu halten und so innere Stärke und Freiheit zu erlangen, ist heute viel schwieriger als zur Zeit der alten Griechen.

WIDERSTEHE DEN VERLOCKUNGEN

Wenn du auf deinem Weg zur Arbeit an mehreren guten Bäckereien und Bio-Schnellimbissen vorbeikommst, dann ist das eine echte Herausforderung. Und du bist keineswegs allein, wenn du dann schwach wirst. Eine Studie konnte zeigen, dass mit zunehmender Zahl der schnell verfügbaren kulinarischen Angebote auch das Körpergewicht steigt. Gelegenheit schafft nicht nur Diebe, sondern führt auch zur Gewichtszunahme. Innere Stärke beweist du, wenn du vollkommen akzeptieren kannst, Opfer der Verlockungen geworden zu sein. Dies gibt dir die Kraft, ihnen nach und nach widerstehen zu können.

Wenn es dir sehr schwerfällt, an den vielen Angeboten vorbeizukommen, dann überlege, ob ein anderer Weg, die andere Straßenseite dich dabei unterstützen können. Je häufiger es dir gelingt, einfach weiterzugehen, desto stärker verändert sich auch deine Kommunikation zwischen Körper und Geist. Du wirst dann fühlen, wann es nicht nur aus Lust und Gier, sondern tatsächlich nötig ist, etwas zu essen. In diesem Falle folgst du einer Intuition, einer inneren Stimme, die durch die echte Verbindung zu deinem Körper entsteht. Du bist in Kontakt mit dir, du hörst dir selbst zu. Aber hadere nicht mit dir, wenn du mal wieder schwach geworden bist. Gehe liebevoll mit dir um. Sage dir: »So ist es jetzt, das nächste Mal wird es mir leichter fallen.« Ruf dir dein Vorbild vor Augen, wie würde sie oder er mit diesen Verlockungen umgehen?

Und wenn es dir dann noch gelingt, auch deine Mitmenschen liebevoll zu betrachten, die wahrscheinlich genauso damit ringen wie du, dann bist du auf deinem Weg ein großes Stück weitergekommen. Dann kannst auch du zum Vorbild für andere werden. Betrachte sie mitfühlend, auch wenn sie sich vordrängen oder zu lange an der grünen Ampel standen, bevor sie weitergefahren sind. Beobachte dich dabei: Fühlst du dich gestresst? Es lohnt nicht, sich aufzuregen, die Zeitspanne des Lebens ist so unendlich kurz. Nutze die kleine Zwangspause, betrachte den Himmel und genieße den Augenblick. Dann wirst du erleben, dass der Stress von dir abfällt.

Den Menschen liebevoll zu begegnen, auch dir selbst, ist eine Grundeigenschaft, die zur Entwicklung von Gelassenheit und innerer Stärke unerlässlich ist. Bleibe dir in deinem Inneren treu. Versuche nicht, die Aufmerksamkeit und Bestätigung der anderen zu erringen.

Das ist heute, im Zeitalter der Selfies und permanenten Postings, nicht einfach. Bleibe unabhängig von den Meinungen und auch vom Lob der anderen. Stehe dazu, dass du auf dem Weg der Stoa unterwegs bist. Höre nicht auf innere Stimmen, deinen inneren Kritiker. Du bist großartig und auf dem mutigen Weg zu dir selbst.

»Wenn es dir einmal begegnet, dass du dich nach außen wendest, in der Absicht, irgendeinem zu gefallen, so wisse, dass du deine innere Stellung verloren hast. Es genüge dir also durchaus, ein Philosoph zu sein. Willst du aber auch (von jemand) dafür angesehen sein, so sieh dich selbst dafür an. Dies vermagst du.« (86)

Nimm dir Epiktets Worte zu Herzen. Es liegt an dir, wie du über dich denkst. Du hast es in jedem Augenblick in der Hand, dich kleinzumachen oder in dir selbst mit der Quelle des Glücks verbunden zu sein. Wenn dich etwas nervt, dann mach zwei oder drei bewusste Atemzüge. Du entscheidest, ob du dich aufregst oder dir eine kleine innere Pause gönnst, bevor du etwas tust oder sagst.

»Wir haben die Macht, Dinge nicht zu bewerten, die unseren Geist aufwühlen könnten. Die Dinge selbst nötigen uns nicht zu urteilen.« (87)

Das wird nicht immer gelingen. Wenn du mal wieder auf einen deiner Trigger angesprungen bist, dann war das eben deine Übung. Gräme dich deswegen nicht, im Laufe der Zeit werden diese Triggerpunkte verschwinden.

GIB DEINER INNEREN GÖTTIN RAUM

»Was treibst du für eine Kunst? Die Kunst, gut zu sein. Wie könnte dies aber anders gelingen als durch klare Einsicht in das Wesen der Natur und des Menschen.« (88)

Wahre innere Stärke zeigst du, wenn du dem anderen auf Augenhöhe begegnen kannst. Niemanden herabsetzt, auch nicht dich selbst. Die größte Schwierigkeit liegt hier in der Aufrichtigkeit. Das bedeutet, auch innerlich keine lästernden Kommentare über die Person dir gegenüber zuzulassen, denn diese wären auf der nonverbalen Ebene spürbar. Das ist die mit Abstand schwierigste Übung. Hier wirst du auch immer wieder scheitern. Je häufiger du wahrnehmen kannst, dass deine innere Einstellung nicht aufrichtig ist, desto mehr wird sich deine Haltung ändern.

Versuche Aussagen, die du schwierig findest, erst mal einfach stehen zu lassen. Oftmals erkennt dann auch dein Gegenüber, wo das Problem liegt. Deine innere Größe öffnet den Raum für eine neue Ebene des Austausches. Nicht immer gelingt dies. Wenn es gar nicht passt, dann taucht vielleicht die Erkenntnis auf, dass diese Tätigkeit nicht die richtige ist. Dieser Freund kein wahrer Vertrauter. Fördere deine Gesprächspartner, sei offen, was passiert. Aus einer inneren Haltung der Offenheit und Güte, die auch verzeiht.

»Hast du etwas getan zum Wohle anderer? Dann hast du auch dein eigenes gefördert.« (89) Überlege, ob du vielleicht Mentorin für eine junge Kollegin sein kannst, die noch Probleme hat, sich im komplexen Gefüge der Abteilung zurechtzufinden. Sie zu unterstützen, ihr zu helfen, gemeinsam etwas voranzubringen. Auch die Kaffeeküche aufzuräumen, kann dabei wichtig sein. Deine Kollegen werden es dir danken, und du kannst die junge Kollegin besser kennenlernen.

Die Stoiker waren der festen Ansicht, dass nichts ohne Grund geschieht, wir immer dann Herausforderungen im Leben begegnen, wenn diese notwendig sind. Das ist wahrscheinlich nicht das, was du gerade hören willst. Sofort fragst du dich: »Warum gerade jetzt, warum gerade ich, wozu soll das gut sein?« Stell dir diese Frage in deiner Morgenübung. Dann steige aus den Gedankenkreiseln aus. Konzentriere dich auf deine Atmung. Lass die Frage ziehen. Betrachte sie nach Ende deiner Übungszeit erneut. Die Frage: »Was ist mir wirklich wichtig?«, wird dann, vielleicht mit einer neuen Antwort, wieder auftauchen. Sei neugierig, was geschieht. Wenn du dies wirklich annehmen, erkennen kannst, dass das Universum dir eine Aufgabe stellt, kann sich etwas Neues manifestieren.

> »… dass nichts dir widerfahren kann, was nicht in der Natur des Ganzen begründet liegt, und dann: dass du die Freiheit hast, alles zu unterlassen, was wider die Stimme deines Genius ist. Denn die zu überhören, kann dich niemand zwingen.« (90)

Das bedeutet keineswegs, alles einfach hinzunehmen. Du solltest dir in jedem Augenblick klar darüber sein, ob eine Handlung oder etwas, was du sagst, gut für dich ist. Der Situation angemessen. Daraus folgt, nicht alles zu schlucken, sondern klare Grenzen zu setzen. »Oft liegt die Ungerechtigkeit in dem, was man nicht tut, nicht nur in dem, was man tut.« (91)

Wenn du feststellst, dass du ausgenutzt wirst, lass das nicht zu. Denn dies führt nur zu weiteren Problemen. Wichtig ist, aus einer Haltung der inneren Stärke heraus zu handeln. Das bedeutet, in einem Gespräch nicht verbal um dich zu schlagen, wenn du sauer bist. Nimm dir eine kleine Auszeit. Verlasse den Raum, ein Vorwand lässt sich finden. Dann setz dich und warte, bis die Gefühlsstürme verflogen sind. Gleichgültig, ob eine unbedachte Bemerkung von dir oder deinem Gegenüber die Situation entflammt hat, nimm deine Gefühle wahr. Fühlst du dich beleidigt und ins Unrecht gesetzt? Verspürst du den heftigen Drang, die Dinge noch einmal so darzulegen, wie du sie empfunden hast? Das ist sehr verständlich, manövriert dich aber meist in eine noch aussichtslosere Situation. Versuche, den anderen zu verstehen, schau dir seine innere Not an. Wechsle in die Perspektive deiner persönlichen Göttin. Wie würde diese mit einer solchen Situation umgehen? Sieh nicht nur deine eigene Frustration, erkenne auch die des anderen.

»Es wird mich jemand verachten? Er wird es sehen. Ich aber werde darauf sehen, dass ich nicht dabei angetroffen werde, etwas zu tun oder zu sagen, was Verachtung rechtfertigt. Es wird mich jemand hassen? Er wird es sehen. Ich aber bin zu jedem freundlich und wohlwollend und bereit, eben diesem sein Versehen vor Augen zu führen, nicht mit tadelnden Worten und auch nicht, indem ich mich damit brüste, dass ich es ertrage, sondern ehrlich und gütig, wie jener Phokion, falls er es wirklich ernst meinte.« (92)

Gütig und mitfühlend zu handeln, zeugt von wahrer innerer Stärke, wie Marc Aurel hier beschreibt. Was in einem Heerlager funktioniert, kann dich auch in deinem Alltag unterstützen. Wichtig ist es jedoch, eine fruchtlose Diskussion zu beenden. Gelassen, aus der inneren Situation der Stärke heraus, einen neuen Termin zu vereinbaren. Denn dass du den Raum verlassen hast, war nicht nur für dich eine Pause, sondern auch für alle anderen. Sollten sie fies über dich gelästert haben, es kann dir gleichgültig sein. Würde es dein Vorbild irritieren? Wenn sich nach deiner Rückkehr die Stimmung grundsätzlich verändert hat, neue, bessere Ideen und Argumente aufgetaucht sind, hat sich deine Pause doppelt gelohnt. Und wenn du in die

Rolle deines Vorbilds eingetaucht bist, kannst du diese Wendung noch besser wertschätzen. Es hilft dir auch, dich selbst mit lästernden Bemerkungen zurückzuhalten, sachlich und gelassen zu argumentieren.

> »Wenn etwas nicht rechtens ist, tue es nicht. Wenn etwas nicht wahr ist: Sage es nicht. Diese Anstrengung lohnt sich, um das große Ganze im Auge zu behalten.« (93)

Wenn du dich darüber aufregst, dass manche Menschen unsinnige Dinge tun, dir und anderen schaden wollen, dann sage dir, dass ihnen diese Art zu leben am Ende mehr schadet als dir. Erwarte nicht, dass alles rund läuft. Wenn du das Gefühl hast, dass dein Gegenüber sich verrannt hat, kannst du versuchen, ihm Fragen zu stellen: »Wie siehst du das?«, »Wie kann ich dich unterstützen?«, »Was erwartest du?« Wechsle, wenn du diese Fragen stellst, in die weise Haltung deines Vorbilds. Versuche so, dein Gegenüber langsam zurück in das Gespräch und zu einer neuen Sichtweise zu bringen. Menschen sind soziale Wesen und möchten meist in einer Gruppe ihren Platz einnehmen, anerkannt und gewürdigt werden: »Die Menschen sind füreinander geboren. So belehre oder dulde, die's nicht wissen.« (94)

Wobei Marc Aurel hier sehr klar ausdrückt, dass wir diejenigen, die wir nicht erreichen können, in Ruhe lassen sollen. Es gibt unbelehrbare Menschen, die sich jeder Fürsorge und jedem Argument verschließen. Die pragmatische Haltung der Stoiker könnte man so zusammenfassen:

› Umgib dich mit Menschen, von denen du lernen kannst, die ein Vorbild für dich sind. Meide die Menschen, die dir schaden.
› Handle und sprich aus der Haltung der tiefen Weisheit und des großen Mitgefühls. Stell dir vor, wie dein Vorbild sich verhalten würde.

› Wenn du aus dieser inneren Haltung heraus die Not der anderen spüren kannst, selbst wenn diese sich merkwürdig oder aggressiv verhalten, besteht die Chance der Veränderung.

In deinem Inneren ruht diese große Kraft, die dir stets zur Verfügung steht. Tritt immer wieder einen Schritt zurück, wenn du merkst, dass du nur noch von äußeren Ereignissen getrieben wirst. Nimm dir die Zeit, dich mit dieser inneren Kraftquelle zu verbinden, die das innere Licht ist, das dir hilft, die Wahrheit zu erkennen. Für die Stoiker war dies *psyché*, ein Begriff, den man meist mit »Seele« übersetzt, der aber auch als tiefes Prinzip des Lebens betrachtet wurde. Als innerer leuchtender unzerstörbarer Kern. Diese Seele ist ein Hort der Tugend und der tiefen Weisheit, die Dinge so zu sehen, wie sie wirklich sind. Marc Aurel beschreibt jene innere unerschütterliche Sphäre als Kugel:

»Die Seele gleicht einer vollkommenen Kugel, insofern sie sich weder ausdehnt noch schrumpft, weder zerstreut wird noch zusammenschmilzt. In der ein Licht leuchtet, mit dem sie die Wahrheit sieht, die Wahrheit aller Dinge und die Wahrheit in sich selbst.« (95)

Gehe mit dir in Verbindung. Fühle die unzerstörbare Kraft in deiner Mitte, die dir Orientierung gibt, die Dinge zu sehen, wie sie eben sind. Auch wenn du müde und abgeschlagen bist. Diese leuchtende Kraft kann dir niemand nehmen. Suche den Kontakt mit der Weisheit deines Herzens, verbinde dich mit deinem inneren goldenen Licht. Erkenne, wer du wirklich bist.

VII. FREI SEIN – SCHWIERIGKEITEN ALS CHANCE

»Welche Früchte haben wir nun von solchen Grundsätzen?
Die besten und herrlichsten, die es für wirklich Gebildete gibt:
unerschütterliche Seelenruhe, Furchtlosigkeit und Freiheit.
Was Bildung anlangt, so darf man nicht der Menge glauben,
die sagt: nur den Freien ist es erlaubt, sich zu bilden,
vielmehr soll man den Philosophen glauben, die erklären:
Nur die Gebildeten sind frei! Wie soll ich das verstehen?
So höre: Freiheit heißt nichts anderes,
als dass wir ein Leben führen, wie wir wollen.«

Ein Leben nach unseren Vorstellungen zu führen, das ist heute weitaus einfacher als zu Epiktets Zeiten. Trotzdem sind wir nicht unbedingt frei.

»*Denn dies ist nicht der Kern der Freiheit. Sagt mir nun, ihr lieben Leute, wollt ihr ein Leben voller Irrungen führen? Nein, das wollen wir nicht. Also niemand ist ein freier Mann, der vom rechten Wege abirrt. Wollt ihr ein Leben voll Furcht, voll Trauer, voller Unruhe leben? Gott bewahre. Also ist ein Mensch, der sich fürchtet, der betrübt, in Unruhe ist, kein freier Mann; wer sich aber von Furcht, Trauer und Unruhe losgemacht hat, der hat sich zugleich auch von einer Knechtschaft befreit.*« (96)

Treffender formulieren können es heute auch viele Ratgeber, Coaches und Therapeuten nicht, die dich dabei unterstützen wollen, dich aus inneren Verstrickungen zu befreien. Epiktets Erkenntnisse sind zeitlos. Äußere Freiheit ist ein hohes Gut, für dein Lebensglück ist sie jedoch keine Voraussetzung. Wer getrieben von seinen Gefühlen, dem Streben nach Ruhm und Anerkennung lebt, wird nicht glücklich und frei sein. Immer wieder kommen Zweifel: andere sind besser, nehmen dir etwas weg, dein Partner findet eine jüngere Frau attraktiver. Schlagartig kannst du unfreier sein als jeder griechische Sklave, der zwar einen Herrn hatte, aber trotzdem große innere Freiheit besitzen konnte. Bildung und Literatur können dir nur die möglichen Wege aufzeigen. Welchen Weg du in deinem Leben einschlägst, welches innere Ziel deines ist, das kannst nur du selbst herausfinden. Jeden Tag aufs Neue.

Viele Traditionen beschreiben, dass nur der Mensch frei sei, der mit sich selbst in Kontakt steht. Sich selbst ergründet. »Erkenne dich selbst«, stand über dem Orakel in Delphi. In dir findest du Freiheit, Ruhe und Gelassenheit.

»Sehet, dass ihr euch grundlos fürchtet, vergebliche Wünsche und Begierden habt. Suchet eure Güter nicht außer euch, suchet sie in euch selbst, denn sonst werdet ihr sie nie finden.« (97) »Darum, sage ich, ist die leidenschaftslose Seele eine wahre Burg und Festung. Denn der Mensch hat keine stärkere Schutzwehr. Hat er sich hier geborgen, kann ihn nichts gefangen nehmen.« (98)

Marc Aurel hat in seinen Meditationen sehr häufig über diesen inneren, unzerstörbaren Schutzraum geschrieben, den Raum der vollkommenen Freiheit.

Freiheit ist ein großes Wort. Welche Bilder ruft dieser Begriff in dir hervor? Was bedeutet er für dich? Bevor du weiterliest, lass die Frage einfach wirken. Warte einen Augenblick, bis eine Antwort in dir auftaucht. Betrachte neugierig, welche Vorstellung von Freiheit du hast. Bist du, nach deinen Kriterien, frei?

Für die meisten Menschen bedeutet Freiheit etwas von außen Bestimmtes, ganz anders als in den Aussagen Marc Aurels. Bedeutet sie für dich, überallhin reisen zu können? Deinen Partner zu wählen, deinen Kleidungsstil und deinen Beruf? Deine Meinung zu äußern? All dies ist großartig, beflügelt die Fantasie. Bieten Herausforderung und Zerstreuung die Freiheit, die du suchst? Wie fühlt sie sich für dich an? Stell dir diese Frage noch einmal. Sind es diese zahlreichen Möglichkeiten und die vielen äußeren Dinge, die wahre Freiheit bedeuten und dich glücklich machen? Diese Errungenschaften sind wichtig. Sie öffnen Räume, in welchen du deine Fähigkeiten und Begabungen in vollem Umfang entwickeln kannst. Die entscheidende Frage jedoch ist: Kannst du diese Räume wirklich nutzen?

Wie frei bist du wirklich? Du hast, nach langen Jahren der Ausbildung, des Studiums dein Examen bestanden. Große Erleichterung und Freude. Doch ist dir schon einmal aufgefallen, wie kurz diese

Gefühle über eine bestandene Prüfung anhalten? Diese Freude trägt dich nicht durchs Leben, sie ist nur ein kleiner goldener Hauch, der kaum zu fassen ist. Und sie wird sehr rasch zu einer schalen Erinnerung.

Du hast den Traumpartner deines Lebens kennengelernt, nach einer Phase großer Verliebtheit stellst du allerdings fest, dass er einige seltsame Marotten hat. Was dann? Du bist heute frei, den nächsten, den absolut perfekten Partner zu suchen, der, auch ohne dass du es aussprechen musst, immer weiß, was du brauchst. Aber irgendwann kommt vielleicht die Einsicht, dass es diesen Menschen gar nicht gibt. Sofort bist du unzufrieden, das kann nicht der Weg zum Glück sein. Denn irgendetwas glückt mal wieder nicht, etwas passt nicht. Große Freiheit sieht anders aus. Die Erkenntnis, dass äußere Ereignisse uns nicht langfristig glücklich machen, ist keineswegs neu. Bereits die Stoiker haben bemerkt, dass im Leben immer wieder etwas schiefgeht. Manches funktioniert, anderes nicht.

Epiktet stellte sich die Frage, was wirkliche Freiheit sei. Er hatte viele andere Sklaven erlebt, deren größte Sehnsucht es war, freigelassen zu werden. Trat dieses Ereignis ein, zeigte sich jedoch nach einer kurzen euphorischen Hochphase, dass das Leben in dieser neugewonnenen äußeren Freiheit auch Tücken hatte. Man musste selbst für sich sorgen. Ebenso wie heute: Du kannst dich nicht darüber beklagen, dass ein anderer oder bestimmte Umstände die Schuld daran tragen, dass du keinen Partner hast, dass die Nahrungsmittel und die Wohnung so teuer sind. Dies alles liegt in deiner Hand, denn du bist frei. Wie frei bist du?

FINDE DEINEN LEBENSSINN

Machen wir den von Epiktet in seinen Unterredungen angedeuteten Lackmustest: Was ist die Freiheit, die auch der Schlüssel zum Glück ist? Diese Suche nach der inneren Freiheit ist auch eine Suche nach dem Sinn. Das Bedeutungsspektrum des Begriffs *logos* umfasst ja weit mehr als nur rationales Denken, es reicht bis hin zu sinnvollem Handeln im Einklang mit der Natur.

Heute gibt es sogar eine Therapieform, die Logotherapie, die sich mit der Suche nach dem Sinn befasst. Sie wurde von Viktor Frankl begründet, der im KZ unglaubliches Leid erlebte, jedoch trotz aller katastrophalen äußeren Einschränkungen überlebte und zur inneren Freiheit fand. Er erkannte, dass dieses Leiden, die Gefangenschaft, der Zwang und die Gräuel ihm den inneren Raum der Freiheit nicht nehmen konnten. Dies gab seinem Dasein einen Sinn. Er konnte sich innerlich lösen und erkennen, dass der größte Schmerz, das größte Leid durch unsere eigene innere Haltung bestimmt werden.

> »Freiheit besteht nicht darin, dass man keinen Schmerz erleidet, sondern darin, dass man sein eigenes Inneres zur Quelle aller Freude macht. Der Weise wird immer auf alles gefasst sein, so kann ihn nichts aus seiner Gemütsruhe bringen.« (99)

Seneca beschreibt hier eine klassische stoische Grundhaltung: Sich von äußeren Umständen nicht beirren zu lassen, die Schmerzen nicht jammernd und klagend zu bewerten. Du kannst dir immer klarmachen, dass alles sich verändern wird. Tief in dir gibt es eine unzerstörbare Quelle der Freiheit. Diese wird durch äußere Ereignisse, Erkrankungen und Schicksalsschläge nicht beeinträchtigt. Wenn du in einer aufreibenden persönlichen Situation steckst, dein Partner dich verlassen hat oder dein Leben sich nicht so entwickelt, wie du es dir gewünscht hast, solltest du nicht klagen. Wenn du jammerst, wird sich nichts ändern, außer, dass es dir deutlich schlechter geht. So machst du dich zum Gefangenen deiner vorgefassten Meinungen. Die Stoiker gingen davon aus, dass die Aufgaben, denen wir uns stellen müssen, angemessen seien. Alles, was uns im Leben widerfährt, könnten wir erträglich machen, indem wir uns suggerieren, dass es entweder im eigenen Interesse geschieht oder unsere Pflicht es auf irgendeine Weise erforderlich macht. Mit dieser Ansicht nimmt Marc Aurel bereits Aspekte der positiven Psychologie voraus: Wenn wir einen Grund haben, einen Schicksalsschlag zu ertragen, wird es leichter. Wie Nietzsche schrieb: »Hat man sein Warum? des Lebens, so verträgt man sich fast mit jedem Wie?« (100).

Mein Onkel überlebte seine Zeit im KZ, indem er sich für die Menschen dort so gut es ging einsetzte, Mitglied der illegalen Lagerleitung wurde, sich um die Kranken kümmerte. Er hatte den unbedingten Willen zu überleben, und er wollte über seine Zeit dort berichten. Indem er den Menschen, mit denen er gefangen war, helfen konnte, half er auch sich selbst. Er hatte sein Ziel, seinen Sinn gefunden. Seine Hoffnung war, dass diese Unmenschlichkeit nur begrenzt aufrechtzuerhalten sei. Dies entsprang dem tiefen Wunsch, dass diese Zeit der Kriegsgräuel und der Diktatur zu einem menschlicheren Umgang miteinander führen würde. Ganz im Sinne von Marc Aurel: »Die Freude der Menschen besteht darin, wahrhaft menschlich zu handeln. Wahrhaft menschlich ist aber das Wohlwollen gegen seinesgleichen.«

Marc Aurel beschreibt auch, wodurch man diesem Ziel immer näherkommen kann: Durch die »Geringschätzung der sinnlichen Regungen, die kritische Analyse der überzeugend erscheinenden Vorstellungen, die Reflexion über die Natur des Weltganzen und der Vorgänge, die sich in Übereinstimmung mit diesem vollziehen.« (101) Er ist hier ganz der Stoiker, der sich nicht von emotionalen Gewittern treiben lässt. Dem es gelingt, gelassen zu bleiben, da er in eine größere Perspektive zu wechseln weiß. Auch mein Onkel konnte das. Er wollte als Journalist berichten. Damit veränderte sich seine Perspektive, und so konnte er Distanz gewinnen zu den Grausamkeiten in seiner Umgebung. In einer ausweglosen Situation die Sichtweise zu ändern, öffnet einen Weg in die innere Freiheit.

Nimm dir die Zeit, in Ruhe nach deinem Sinn, deinem Warum zu forschen. Dann kannst du auch die schwierigsten Situationen meistern. Studien zeigen, dass Menschen, die einen Sinn in ihrem Leben gefunden haben, zellbiologisch jünger sind (102). Du bist dann weniger anfällig für Stress und Burnout. So kannst du sogar in einer Lage, die aussichtslos erscheint, nicht nur überleben, sondern große innere Freiheit erlangen. Betrachte schwierige Umstände aus der Vogelperspektive. Suche nach etwas, was über deine eingeschränkte Wahrnehmung, widrige Umstände, Angst und innere Not hinausreicht. Wie kannst du dein durch Adrenalin und Stress eingeengtes Blickfeld öffnen? Wieder innerlich frei werden? Selbst wenn du das Gefühl hast, dass du nie wieder aus einer Situation, aus der Depression, der Not, der Gefangenschaft herausfinden wirst. Nimm sie an, betrachte sie, so schwer es dir auch fallen mag, als Übungsweg. Akzeptiere die Dinge, wie im ersten Kapitel des Buchs beschrieben. Gib nicht auf. Beschwichtige den inneren Kritiker. Nimm dein inneres Wesen, deine Ängste in den Arm.

Lass deine Bewertungen und Vorstellungen los. Wie du etwas erlebst, hängt von deinen vorgefassten, oft anerzogenen Reaktionsmustern ab. Lass dich nicht verführen von den Meinungen deiner Mitmenschen, nicht von der Panik und Angst deiner Umgebung mitreißen. Wenn du dem blind folgst, wirst du in Ängste stürzen, die dich zurück in die Unfreiheit führen. Diese weisen Ratschläge klingen so einfach und sind doch eine lebenslange Übung. Der Weg, auf dem du gerade unterwegs bist, ist ein Weg, auf dem du ein Leben lang unterwegs sein wirst. An jeder Weggabelung warten neue Herausforderungen oder, wenn du es schaffst, deine Sichtweise zu verändern, neue Abenteuer.

Für die Stoiker bedeutete die Suche nach dem Sinn, den Geist zu schulen. Schärfe dein Bewusstsein, folge nicht jedem aufkommenden Gedanken, lass dich nicht durch Gefühle und extreme Situationen zu unsinnigen Handlungen hinreißen. Bevor du im Strudel vorgefertigter Glaubenssätze untergehst, in der Unfreiheit landest, halte kurz inne. Mache dich wieder auf die Suche nach deinem inneren Ziel, deinem Sinn, deinem Warum. Nimm dein Notizbuch zur Hand und stelle dir erneut diese Frage (siehe Seite 18). So kommst du wieder in Kontakt mit deinem inneren Wesenskern.

Je mehr du dich immer wieder mit dem inneren Raum der Freiheit und Stille verbindest, desto gelassener kannst du mit Hindernissen und Problemen umgehen. Diese innere Stärke und Freiheit strahlst du auch aus, und damit wirkst du auch beruhigend auf andere. Du bist ein Fels in der turbulenten Brandung des alltäglichen Wahnsinns. So werden auch die Menschen in deiner Umgebung gelassener. Und das wirkt auf dich zurück. Dein Weg wird leichter.

Auf diesem Weg solltest du nicht über Widrigkeiten klagen, sondern beherzt dein Leben in die Hand nehmen, um glücklich und in Freiheit zu leben.

ENTDECKE DIE WURZEL DER ANGST

Was hindert dich an diesem Weg in die Freiheit? Wenn du aufmerksam in dich hineinfühlst, wirst du häufig eine unbestimmte Unruhe, eine Angst wahrnehmen können. Vielleicht taucht dein innerer

Kommentator auf, mit den Sätzen: »Das soll alles gewesen sein, die Suche nach dem Sinn soll in die Freiheit führen?« Die größte Angst der meisten Menschen betrifft wohl die Erkenntnis der Sterblichkeit.

> *»Der schrecklichste ist der Schrecken. Nicht die Dinge selbst, sondern die Meinungen von den Dingen beunruhigen die Menschen. So ist z. B. der Tod nichts Schreckliches, sonst wäre er auch dem Sokrates so erschienen; sondern die Meinung von dem Tode, dass er etwas Schreckliches sei, das ist das Schreckliche.« (103)*

Für die Stoiker war der Tod nichts Schreckliches. Es sind deine Vorstellungen, die das Gefühl der Angst hervorrufen. Der Tod ist Teil des Lebens und wird jeden treffen, es ist daher wichtig, sich mit der eigenen Endlichkeit zu beschäftigen. Wenn du dies einmal versuchst, wirst du feststellen, dass viele Dinge, über die du dich trefflich aufregen kannst, die Aufregung nicht wert sind. Diese Erkenntnis ist ein Befreiungsschlag aus den kleinlichen Vorstellungen und Bewertungen. Es mag dir befremdlich erscheinen, dich mit dem Tod zu beschäftigen, der in unserer Kultur fast unsichtbar ist. Er findet vor allem in Kliniken statt, in Heimen, trotzdem ist sein Einfluss immer spürbar. Gerade dass er nicht sichtbar ist, verleiht seinem Schrecken Kraft. Das Unsichtbare ängstigt weitaus mehr als etwas, das zu sehen und zu begreifen ist. Diese Angst wirkt in vielen Menschen, ohne dass ihnen bewusst wird, dass es genau diese Angst ist, die sie behindert.

Sie hindert dich daran, die große innere Freiheit wirklich zu erlangen. Dein Handeln, dein Fühlen, deine Entscheidungen werden beeinflusst, ohne dass es auch in dein Bewusstsein dringt. Auf dem Weg in die Freiheit liegt die größte Herausforderung darin, zu akzeptieren, dass du sterblich bist. Wenn du das tief in dir wirklich annehmen kannst, was kann dir dann noch Angst einjagen?

Lass dich nicht von den Gespenstern deiner Vorstellungen jagen. Dann kannst du jeden Augenblick auskosten und wirst nicht ungesteuerten Gefühlen zum Opfer fallen. Kannst feiern, genießen, dankbar sein. Das Leben ist zu kurz, um es sich mit Neid, Hass, Streit und Kleingeistigkeit zu vergällen. Es ist ein lebenslanger Übungsweg.

»Viel Überflüssiges von dem, was dir lästig ist, kannst du loswerden, weil es nur aufgrund einer Annahme vorhanden ist, und du wirst dir schon jetzt viel Platz schaffen, indem du den gesamten Kosmos mit deinem Geist umfaßt, die Ewigkeit begreifst und die schnelle Veränderung der einzelnen Teile jeder Sache bedenkst (und siehst), wie kurz die Zeit von der Entstehung bis zur Auflösung ist, aber unendlich der Zeitraum vor der Entstehung und ebenso grenzenlos die Zeit nach der Auflösung.« (104)

Deine Vorstellungen bestimmen, wie du den Tod siehst. Für die Stoa, wie für viele spirituelle Traditionen, war dieser Tod ein Übergang. Nichts geht verloren, alles wird wieder Teil des großen Ganzen, der Ewigkeit, des kosmischen Bewusstseins. Die Stoiker strebten immer danach, diese größere Perspektive einzunehmen, das Ganze zu sehen. Wenn dies gelingt, wovor sollte man sich dann fürchten?

Was bedeuten Tod und Sterben für dich? Lass dich nicht von vorgegebenen Meinungen beeinflussen, suche nach deiner eigenen Antwort, gleichgültig wie diese ausfallen wird. Nimm jede Antwort an, als Momentaufnahme deiner inneren Verfassung. Dann lass sie ziehen. Morgen können diese Antworten schon anders ausfallen. Sei dankbar für jeden Augenblick des Lebens. Dankbarkeit ist ein transformativer Weg aus Ängsten und Begrenzungen.

Wenn dunkle Wolken des Leidens, der Angst dich bedrücken, dann drehe dich innerlich einmal um. Was findest du auf der anderen

Seite? Dort findest du das Licht. Dunkelheit kannst du nur fühlen und wahrnehmen, wenn irgendwo auch Licht ist. Vertraue auf deine Fähigkeit, dieses Licht zu sehen. Lächle dem Tag entgegen. Schon wenn du deine Mundwinkel nach oben bewegst, führt das zur Ausschüttung von Glückshormonen. Ein erster Schritt. Lebe das Leben in jedem Augenblick mit einer inneren Haltung der Freude. Lebe jeden Tag als den besten deines Lebens. Sei dankbar für die Dinge und Menschen, die dir begegnen. Wenn du auf Schwierigkeiten triffst, nichts sich so entwickelt, wie du es dir vorgestellt hast, sei auch dafür dankbar. Denn oft wird erst im Rückblick klar, wohin dich eine schwierige Situation gebracht hat. Es sind die Probleme, die den Fortschritt bedeuten. Wenn alle gelöst wären, wohin solltest du dich dann noch entwickeln? Dankbarkeit zu empfinden, ist eine unglaublich starke Kraft. Eine Kraft, die dich auch in schwierigen Zeiten beflügeln kann.

SEI DANKBAR

Dankbarkeit kann man üben. Die Dankbarkeitsmeditation funktioniert besonders gut, wenn dir alles schwierig und verfahren erscheint. Genau dann hilft diese Übung beim Blick in die andere Richtung. Wenn du bereits gelassen bist, wird sie diesen Zustand und die innere Freude noch verstärken. Und auch dein Körper und dein Immunsystem kommen in eine heilsame innere Harmonie. Stell dir die Frage: »Wofür bin ich heute dankbar?«

Wie einfach ist es doch, sich über irgendetwas zu ärgern. Du bist heute Morgen schlaftrunken über die Schuhe deiner Kinder gestolpert, die sie nach ihrer späten Heimkehr im Flur liegen gelassen hatten. Sie wollten besonders leise sein und sind barfuß in ihr Zimmer geschlichen. Dieser kleine rücksichtsvolle Akt verkehrt sich nun jedoch für dich ins Gegenteil. Wie reagierst du? Kommt sofort ein leiser oder lauter Fluch über deine Lippen? Räumst du die Schuhe einfach weg? Lächelst du, weil dir der Hintergrund dieser Situation bewusst wird? Dir deine eigene Jugend wieder in den Sinn kommt? Die knarrende Diele, die dich in deinem Elternhaus immer verraten hat, wenn du zu spät nach Hause gekommen bist? Oder bist du einfach dankbar, dass du nicht gefallen bist? Dankbar, dass deine Kinder dir vertrauen? Dankbar, dass du am Morgen aufstehen konntest? Dankbar, dass die Sonnenstrahlen über den Fußboden tanzen und ein Muster malen? Dankbar, dass du gelassene Ruhe in deinem Herzen spüren kannst?

Wir sind viel zu selten dankbar. Meist erkennst du nur messerscharf, was schiefgelaufen ist. Irgendetwas wird immer nicht klappen. Setz dich hin, halte inne und betrachte einmal nüchtern, wie dein Leben verläuft. Dann wirst du feststellen, dass in der Regel die meisten Dinge funktionieren. Dass aus deinem Wasserhahn Wasser fließt – vor hundert Jahren und in vielen Gegenden der Welt war und ist dies keineswegs selbstverständlich. Dass du die Möglichkeiten hast, zu einem Arzt zu gehen. Dass deine Kinder zur Schule gehen können. Dass du genügend zu essen hast. Dass du die Zeit hast, dieses Buch zu lesen. Dass du Zeit für dich hast, und mag diese noch so kurz bemessen sein. Dankbarkeit ist ein Gefühl, dass tief in deinem Herzen wurzelt, dich transformieren kann und tiefe Freude in dein Leben bringt. Spüre diese Dankbarkeit, fühle, wie sie dich trägt.

Übung

Nun nimm dein Notizbuch zur Hand. Schreibe drei Dinge auf, für die du heute dankbar bist. Spüre diese Dankbarkeit. Nimm die Wärme und das Licht in deinem Herzen wahr, wenn du wirklich dankbar bist. Nimm dieses Gefühl der Dankbarkeit mit in deinen Tag. Mache es dir zur Angewohnheit, am Ende jedes Tages die Dinge zu notieren, für die du dankbar bist. Dann kannst du sie dir immer wieder in dein Gedächtnis rufen, wenn du vor einer unerwarteten Herausforderung stehst. Dein eigenes Meditationsmantra.

Die Grundhaltung, die dafür nötig ist, wurde von Marc Aurel sehr einfach beschrieben: »Denke nicht so oft an das, was dir fehlt, als an das, was du hast.« (105) Dann kannst du aus der Fülle schöpfen, und nicht aus dem Mangel. Du beendest deinen Tag mit einem positiven Vorzeichen. Dieses tiefe Gefühl der Dankbarkeit kann dir helfen, dich innerlich zu wappnen. Gut zu schlafen und am Morgen entspannter aufzuwachen. Sicher werden dir jeden Tag wieder Menschen und Situationen begegnen, die schwierig sind. Deine eigenen Ängste. Es ist deine Entscheidung, wie du damit umgehst. Sei gütig mit dir und den anderen. Übe dich in Gelassenheit, was hast du zu verlieren? Zornfalten auf deiner Stirn?

LASS UNSINNIGES LOS

> *»Unter allen Wahrheiten aber, die dir am geläufigsten sind, müssen jedenfalls die beiden sein: die eine: daß »Außendinge, die die Seele nicht berühren dürfen, sondern wirklich Außendinge sein und bleiben müssen. Denn Widerwärtigkeiten gibt es nur für den, der sie dafürhält. Die andere: daß alles, was du siehst, sich bald verwandeln und nicht mehr sein werde, wie du selbst schon eine Menge Wandlungen durchgemacht hast. Mit einem Wort: die Welt ist ein ewiger Wechsel, das Leben ein Wahn!« (106)*

Was gerade noch die größte Aufregung verursacht hat: schlechte Nachrichten, große Schlagzeilen, die völlig aufgelöste Freundin, die ihren Job verloren hat, das ist in ein paar Stunden längst vorbei. Steig aus dem Drama aus. Sage »Stopp« zu deiner inneren Dramaqueen. Dann betrachte nüchtern, was getan werden muss. Versuche, Hindernisse immer mehr als Wegweiser zu sehen, als kleine rote Ampeln, die dir zurufen: »Schau mich genau an.« Dann spüre dem nach, was die wahre Bedeutung dieser Herausforderung sein mag. Betrachte die Gefühle, die nun in dir auftauchen. Sie zeigen dir deutlich, wo du noch unfrei bist. Wo es dir noch nicht gelingt, die Perspektive zu wechseln, die Welle mit dem Surfbrett der Stoa zu reiten, die Chance zu erkennen, statt fluchend im Tsunami unterzugehen.

> »Der Weg zur Freiheit aber ist Verachtung aller Dinge, die nicht in unserer Macht stehen.« (107)

Verliere keine Kraft und Energie in Unternehmungen, die du nicht beeinflussen kannst. Denke an Marc Aurels Vorbehaltsklausel (siehe Seite 97).

Marc Aurel hat die Voraussetzung für den Weg in die Freiheit kurz zusammengefasst:

> »Drei Dinge sind wichtig, wenn es um dich und deine Beziehung zu allem geht. Eines ist dein Körper, der du bist. Das zweite ist der göttliche Ursprung von allem. Das dritte sind die Menschen, mit welchen du lebst.« (108)

Allein mit intellektuellen Erkenntnissen und einer Veränderung deiner Geisteshaltung wirst du kein freies Leben führen können. Um gesund und glücklich zu leben, bedarf es eines vernünftigen Umgangs mit dem Körper. Denn du bist dieser Körper. Gehe gut mit dir um. Ohne diesen Körper gibt es keinen Weg. Suche nach deinem Sinn im Leben, deiner tiefen inneren, leuchtenden Kraft, die dich mit allem verbindet. Die du in der Stille der Meditation, deinen Morgenreflexionen und in achtsamer Bewegung findest. Die über dein physisches Leben hinausweist. Und du brauchst soziale Kontakte. Menschen, die dich begleiten. Diese Faktoren bestimmen, wie gut es dir geht. Wie schnell du in die Freiheit gelangst.

Dass ein Augenblick des Glücks gleichbedeutend mit dem Leben in der glücklichen Ewigkeit sei, hat auch der Philosoph Chrysippos beschrieben. Das sind große Worte, doch öffnen dir kleine Schritte nach und nach einen größeren Raum des Glücks. Aus der inneren Harmonie und Gelassenheit entsteht die Verbindung mit der allumfassenden kosmischen Weisheit. Jener Erfahrung, dass alles miteinander verbunden ist.

> »Die Welt ist ein einziges lebendiges Wesen, ein Weltstoff und eine Weltseele. In dieses Weltbewusstsein wird alles aufgenommen, so wie aus ihm alles hervorgeht.« (109)

Was Marc Aurel hier formuliert, ist schwer allein mit dem Verstand zu begreifen, und es weist über die Begrenztheit unserer materiellen Welt hinaus.

GESTALTE DEIN LEBEN

Die Stoiker haben diese Erfahrung immer wieder beschrieben. Eins zu sein mit dem Universum ist vollkommenes Glück. Die Verbindung mit allem, was uns umgibt und uns begegnet, zu erfahren und so in tiefer Harmonie mit der Natur zu sein. Von dieser allumfassenden Natur zu lernen, den Verstand so zu nutzen, dass du immer wieder in Einklang mit dem großen Ganzen kommst. Bis du mühelos in jedem Augenblick die Lebensfreude in dir selbst wahrnehmen kannst. In diesem Augenblick bist du vollkommen frei. Nimm dein Leben als Geschenk an: »Lebe so, als solltest du jetzt scheiden und als wäre die dir noch vergönnte Zeit ein überflüssiges Geschenk.« (110) Wenn es dir gelingt, ganz in diesem Augenblick zu sein, dann bist du frei von alten Erinnerungen, Vorstellungen, die du mit dir schleppst. Stell dir vor, du hättest nur noch eine Stunde zu leben? Was würdest du tun? Was würdest du vermissen? Was würdest du bedauern? Lass den Ballast deiner Vorstellungen los. Dann ist jeder Augenblick, jede Stunde, jeder Tag ein unerwartetes und großartiges Geschenk. Dann kannst du in innerer Freiheit entscheiden: »Was will ich wirklich?«, »Wer bin ich wirklich?«

Nimm dein Notizbuch und schreibe in diesem Geist der Freiheit: »Wer bin ich in meinem tiefsten Inneren wirklich?« Dann bist du frei von den Urteilen der anderen. So kannst du einen kreativen, kraftvollen eigenen Weg gehen. Wenn es schwierig wird, dann stelle dir die Frage erneut. Du wirst feststellen, dass sich im Laufe eines Vorhabens, einer Idee, die Rahmenbedingungen ändern können. Dann setz dich hin, spüre deinen Atem, lasse die aufkommenden Gedanken weiterziehen. Wenn du dich beruhigt hast, dann frage dich: »Was ist der nächste Schritt?« Schreibe alle Antworten auf und entscheide dann, was am besten geeignet scheint.

Lies nicht, was du früher geschrieben hast. Gehe die Aufgabe mit frischem Geist an. Wenn du dein Ziel verfolgst, auch wenn es sich im Laufe der Zeit verändern mag, dann hast du einen stabileren inneren Pol, einen verlässlicheren Kompass als die meisten Menschen, denen du begegnest. Betrachte, wer du bist, wer du wirklich bist. Lausche in die innere Stille, fühle die Lebendigkeit deines Körpers, das Pulsieren des Blutes, den Fluss der Energie. Beobachte Gedanken, die kommen und gehen, wie die Wolken am Abendhimmel. Das bist nicht du, denn sonst könntest du sie nicht wahrnehmen. Wer bist du wirklich? Was kannst du in dir finden, wenn deine Gedanken, deine Konzepte, deine inneren Stimmen schweigen? Wer bist du jenseits dieser Konzepte? Wenn du dies für einen Moment spüren kannst, wirst du erkennen, dass du viel mehr als diese Gedanken bist. Dann bist du mit der großen Natur verbunden. Du bist unabhängig vom eitlen Streben nach Anerkennung, Geld und Ruhm. Wenn du dies immer wieder schaffst, wirst du die Erfahrung machen, dass du glücklich bist. Von Augenblick zu Augenblick. Die Freude, die du ausstrahlst, wirkt dann auf dich zurück. Deine Arbeit wird dir leichter fallen, und deine Ziele werden näherkommen. So wirst du für die Menschen um dich herum ein Vorbild. Du lebst gelassen aus der Fülle des Seins.

Darum lebe im Einklang mit der Natur, mit der inneren Haltung eines einfachen Bergbauern, der dem Fluss der Zeit gelassen zusieht.

»Kurz ist die Zeit, die dir bleibt. Lebe wie auf einem Berg. Denn es ist kein Unterschied, dort oder hier, wenn man überall im Kosmos lebt wie in einer Stadt. Die Menschen sollen einen wirklichen Menschen sehen und kennenlernen, der in Übereinstimmung mit der Natur lebt. Wenn sie ihn nicht ertragen können, sollen sie ihn töten. Denn das ist besser, als so zu leben (wie sie).« (111)

Unabhängig von den Meinungen der anderen gehst du deinen Weg. Du folgst deiner inneren Ethik und lebst im Einklang mit dem großen Ganzen. Im Einklang mit der Natur. Es wird Menschen geben, die dich angreifen, deinen Weg belächeln. Doch wenn du einmal vom Nektar der Weisheit gekostet hast, in Kontakt mit deiner inneren Quelle gekommen bist, wird dich kein lästernder Kommentar mehr von deinem Weg abbringen. Marc Aurel schrieb, es sei besser zu sterben, als in die Lebensweise dieser Menschen zurückzukehren. Eine dramatische Aussage. Sie unterstreicht seine Erfahrung, dass derjenige, der seiner inneren, heilsamen Sehnsucht nach Weisheit und Gelassenheit folgt, sich durch Äußerlichkeiten nicht erschüttern lässt.

Und obwohl dieser Weg in die vollkommene innere Freiheit führt, wird doch manchmal dein innerer Kritiker auftauchen und diesen Weg infrage stellen. Zweifel in dir säen, dir suggerieren, dass du auf dem Holzweg bist. Es kann doch nicht sein, dass es ausreicht, im Einklang mit der Natur zu leben, verbunden mit allem. Lass ihn reden, er repräsentiert Vorstellungen, die du schon oft überwunden hast. Es gibt keinen Weg zum Glück, glücklich SEIN ist der Weg.

»Die sittliche Vollkommenheit bringt es mit sich, dass wir jeden Tag leben können, als wäre er der letzte, frei von Zorn, Schlaffheit und Verstellung.« (112) In Güte und Weisheit zu leben: Es liegt in deiner Hand, ob du deinem Kritiker zuhörst, dich deinen Gefühls-stürmen auslieferst oder deiner inneren weisen Stimme folgst und die Wertungen fallen lässt.

»Alles ist Vorstellung, und diese hängt von dir ab. Räume, wenn du willst, die Vorstellung aus dem Weg, und du wirst wie ein Seefahrer ... auf ruhiger See in die windstille Bucht einfahren.« (113)

Die Morgen- und Abendübungen sind dein Werkzeug, den Tag zu betrachten, dich einzustimmen auf das, was kommt, und aus den Ereignissen zu lernen. Gleichzeitig diese aber auch loszulassen. Denn was geschehen ist, ist geschehen. Es gibt nur den Augenblick. Deine Gedanken schaffen deine Wirklichkeit. Wenn dir klar wird, dass du dir gerade wieder eine Geschichte erzählst, du nur ein Konzept in deinem Kopf verfolgst, verblassen heftige Gefühle. Dann kannst du gelassen den Tag betrachten. Dann bist du wieder frei und ungebunden. Vielleicht fragst du dich dann: »Wie wirklich ist die Wirklichkeit?« Eine Frage, die nur du für dich beantworten kannst.

DER WEG IN DIE FREIHEIT

Für Marc Aurel waren diese Fragen ein Schlüssel zur Transformation, und er hat hier schon Erkenntnisse der heutigen Neurophysiologie vorweggenommen. Vieles ist nicht so, wie es scheint, man sollte den Dingen nicht zu viel Gewicht beimessen.

»Besinne dich, komm wieder zu dir. Wie du beim Aufwachen gesehen, dass es Träume waren, was dich beunruhigt hat: Siehe auch das, was dir im Wachen begegnet, nicht anders an!« (114)

Das klingt auf den ersten Blick seltsam. Wahrscheinlich gehst du davon aus, dass ein Traum eben ein Traum ist. Ganz anders als die Wirklichkeit. Aber ist die Wirklichkeit, in der du dich jeden Tag bewegst, tatsächlich so in Stein gemeißelt?

Natürlich bestehen Unterschiede. Der Hammer, der dir im Traum auf den Fuß fällt, kann dir die Zehe nicht brechen. Der Hammer im Alltag schon. Trotzdem, im Augenblick des Unfalls beginnt dein Geist in rasender Geschwindigkeit damit, eine Geschichte zu entwickeln. Wechselnde Gefühle sausen durch dein Nervensystem. All dies hat mit dem Hammer, der auf deinen Fuß getroffen ist, nichts zu tun. Dies ist der Traum, die Ausgestaltung des Unfalls in deiner Alltagswirklichkeit. Wenn du die Dinge, die dir begegnen, nüchtern betrachtest, so wie du einen Traum analysieren kannst, dann verliert manche vermeintliche Katastrophe ihre Dramatik. Ein großer Schritt zur inneren Freiheit.

Neurophysiologisch betrachtet gibt es noch weit mehr außergewöhnliche Erkenntnisse. Die Wahrnehmung der Welt ist ein sehr komplexer Vorgang. Wir sehen etwas, die Auflösung unseres Auges ist weitaus schlechter als die mancher Kamera. Das entspricht sicherlich nicht deiner Alltagserfahrung. Gegenstände, die du siehst, erscheinen dir extrem detailreich. Aber wie kommt dieses Bild zustande? Lichtwellen treffen auf das Auge, doch diese stammen nicht von den Gegenständen, die wir vermeintlich sehen, sie sind Reflexionen an den Oberflächen, Lichtbrechungen. Wie der Gegenstand tatsächlich aussieht, wissen wir nicht. Das Licht trifft auf die Netzhaut. Diese Lichtimpulse werden, als elektrische und chemische Impulse, über Nerven weiter an die Sehrinde geschickt, die daraus im Gehirn ein Bild komponiert. Wir haben uns geeinigt, wie wir die Welt interpretieren. Manche Farben werden von verschiedenen Menschen unterschiedlich wahrgenommen. Unser Abbild der Wirklichkeit ist, bei näherer Betrachtung, nur eine mögliche Interpretation der Umwelt. Für die Sehrinde ist es auch völlig gleichgültig, ob wir uns ein Bild nur vorstellen, es in der Außenwelt vermuten oder ob wir träumen. Traumbilder erscheinen flüchtiger, ohne Auswirkungen auf das, was du für die Wirklichkeit hältst. Trotzdem können sie dich verfolgen, wenn du einen Alptraum hast, deine Entscheidungen beeinflussen, wenn dir im Traum Menschen begegnen, die du kennst. Selbst Schmerzen können einen Traum begleiten.

Die stoischen Philosophen gingen so weit, zu sagen, dass du an deinen Träumen erkennen kannst, wie frei und weise du tatsächlich bist. Wenn du im Traum gelassen handelst, sanftmütig und gütig mit einem Gegner umgehst, dann kommst du dem Idealbild eines Weisen sehr nahe. Dann wirst du auch im Alltag gelassener mit Problemen umgehen. Durch die Übungen, die du abends vor dem Schlafengehen machst, kannst du deine Trauminhalte durchaus beeinflussen und dich so im Schlaf weiterentwickeln.

Wenn du erkennen kannst, wie stark deine Vorstellungen deine Wahrnehmung beeinflussen, wirst du dich einfacher von ihnen lösen können. Schon Marc Aurel erkannte, was die moderne Hirnforschung bestätigt: Die Wirklichkeit, die dir so festgefügt erscheint, ist ein Trugbild, dessen viele Facetten durch deine Fantasie gestaltet werden. Wenn du dies bedenkst, fällt es dir hoffentlich etwas leichter, Dinge, die dich belasten, loszulassen. Sanftmütig mit anderen Menschen umzugehen. Du musst nicht jedem Handlungsimpuls folgen, jedes Bild in deinen Gedanken ernst nehmen. So fällt es dir leichter, gelassen zu sein.

Diese befreiende Sichtweise ist ungewohnt. Deshalb kann es nützlich sein, wenn du diese Einsicht auf einen kleinen Zettel schreibst: »Was ich sehe, ist nicht die Wirklichkeit.« Denn dein Blick ist geprägt von deinen Erwartungen und Erfahrungen. Du kannst diesen Zettel wie ein Amulett bei dir tragen. Ihn hervorholen und lesen, wenn du merkst, dass du dich in deinen vorgefassten Meinungen verkeilt hast, auf deinem Standpunkt beharrst, Ärger und Ungeduld in dir aufkeimen. Wenn du dann mit frischem Blick auf die Welt schaust, dann wirst du einen Baum, einen Menschen mit anderen Augen sehen. Sie neu entdecken, ihre Schönheit erkennen. In diesem Moment hast du dich aus den Fesseln deiner inneren Kommentare und Bewertungen gelöst.

Bist du aus der Situation, deinen Gefühlen, deinen Gedanken ausgestiegen, dann bist du mit dieser neuen Sichtweise der inneren Freiheit ein großes Stück nähergekommen. Du erkennst, dass nichts unveränderlich ist und nichts so sein muss, wie es scheint. Der Streit von gestern ist längst vergangen. Es wird ein neues Projekt geben. Die Schramme an deinem Auto ist mit etwas Politur nicht mehr zu erkennen.

GEH DEINEN WEG

In einer Zeit, in der alles gemessen und sortiert wird, kommen dir vielleicht Zweifel, ob du wirklich auf dem richtigen Weg bist. Oder ob du dich auf dem Holzweg befindest. Könnte es nicht schneller gehen? Wo bleibt die Belohnung? Hättest du gerne eine Urkunde, eine Bestätigung, dass du alles richtig gemacht hast? Dass du auf der Überholspur zur großen Freiheit fährst? Viele Lehrer, Mentoren und Coaches werden nun schweigen, eine mögliche und weise Reaktion. Davon werden deine Zweifel nicht geringer. Vielleicht erhältst du auch eine Antwort. Dann fühlst du dich gesehen, deine Gedanken beginnen jedoch gleich wieder zu kreisen. Dein innerer Kritiker stellt jede Antwort sofort infrage.

Doch gleichgültig, ob du eine Antwort bekommst oder nicht, dein innerer Fortschritt hängt hiervon nicht ab. Auch Epiktet hat die Frage nach der inneren Entwicklung, dem Weg zur Freiheit beschäftigt. Und sie wurde ihm von seinen Schülern sicher häufig gestellt. Seine Antworten sind sogar mit modernen Managementlehren vereinbar.

Epiktet hielt Menschen für besonders fortgeschritten, welche die Fehler bei sich, die Erfolge jedoch bei ihren Teamkollegen sehen. Die sich aber keineswegs für ihre Fehler verurteilen:

»Kennzeichen eines Fortschreitenden, Zustand und Charakter eines Ungebildeten: Niemals erwartet er Nutzen oder Schaden von sich selbst, sondern nur von äußern Einwirkungen.«

Das ist der Mensch, bevor er sich auf den Weg macht. Du glaubst fest daran, dass alles von außen bestimmt wird, die anderen, das Karma Schuld haben, wenn etwas schiefgeht.

»*Zustand und Charakter eines Philosophen: Allen Nutzen und Schaden erwartet er von sich selbst.*«

Ein kleiner Fortschritt: Du glaubst nicht mehr, dass die anderen an allem schuld sind. Du erkennst, dass du dein Leben selbst in die Hand nehmen kannst. Du kommst Weisheit und innerer Freiheit sehr nahe. Deine Ruhe und Gelassenheit werden spürbar. Feindselige Kommentare verletzen dich nicht mehr.

»*Kennzeichen eines Menschen, der Fortschritte macht: Er tadelt niemanden, lobt niemanden, schilt niemanden, macht niemandem Vorwürfe, spricht nicht über sich, als ob er etwas Besonderes sei oder wüsste. Und wenn ihn jemand lobt, so lächelt er im Stillen über den Lobspender. Und wenn ihn jemand tadelt, verteidigt er sich nicht. Er geht einher wie einer, der von der Krankheit noch schwach ist und hütet sich, etwas von dem, was gerade in die richtige Lage gebracht wird, zu bewegen, ehe es endgültig fixiert ist ... Hält man ihn für närrisch oder unwissend, so kümmert ihn das nicht. Mit einem Wort: Vor sich selber ist er auf der Hut wie vor einem hinterlistigen Feind.*« (115)

Epiktet war sich darüber im Klaren, dass wir immer wieder Fehler machen, unsere eigenen Erfahrungen nicht umsetzen können, immer wieder zu unangemessenen Gefühlsausbrüchen neigen. Er warnt davor, dem Honig des Lobes auf den Leim zu gehen. Besonders gefährlich ist hier das eines Lehrers oder Vorgesetzten. Dann besteht die Gefahr, sich auf den Lorbeeren auszuruhen. Nimm stattdessen Lob innerlich lächelnd an. Trifft dich Kritik, dann halte sie gelassen aus, und gehe nicht auf den Kritiker los.

Er rät auch, nicht aufzugeben, wenn die mühsam errungene innere Freiheit verloren scheint. Er war sich sicher, dass der Mensch auf seinem alltäglichen Weg vorankommt, wenn er einfach geht. Dass es die wichtigste Aufgabe des Menschen ist, in seiner Entwicklung nicht stehen zu bleiben. Gleichgültig, ob er einen Fortschritt auf seinem Weg erkennt oder nicht. Für Epiktet war ein Weiser der Mensch, der sich immer weiterentwickelt. Der auf seinem Weg voranschreitet. Es gibt kein festes Ziel, das du erreichen könntest. Hast du ein Ziel erreicht, wirst du erkennen, dass dieses nur eine Etappe war und dein nächstes schon am Horizont auftaucht. Vielleicht klingt das frustrierend, in der heutigen Zeit der Zielerreichungsgespräche. Doch im Falle deines Wegs bestimmst du, wohin die Reise geht. Und je weiter du wanderst, desto größer wird deine Freude. Was für ein Gegensatz zu manchem Ziel im Alltagsleben.

Immer weiterzugehen, ist der Weg der Freiheit. Epiktet mahnte, stets achtsam und vor sich auf der Hut zu sein. Nicht zu früh überheblich zu glauben, dass man angekommen sei, und dann in der Unfreiheit stehen zu bleiben. Wichtig ist der achtsame Umgang mit den Dingen des Alltags. Wahrzunehmen, wenn Gefühle wie Wut oder Zorn in dir auftauchen, der innere Kritiker erwacht. Und in diesem Zustand dann nicht zu handeln.

Ein Aspekt, den Epiktet in seinem Text erwähnt, hat Marc Aurel dabei geholfen, seinen jugendlichen Zorn und seine Ungeduld zu beherrschen. Wenn starke Gefühle dich umtreiben, bist du unfrei. Du bist der Knecht ungebändigter Emotionen. Marc Aurel stellte sich vor, er sei zu krank und schwach für eine harsche Reaktion. Es geht hier nicht um eine körperliche Erkrankung, sondern um die Vorstellung eines Zustands der Schwäche. Das ist im tieferen Sinne Hingabe. Hingabe an dich selbst und an die Natur. Allein durch die Vorstellung, eine Situation völlig anzunehmen, löst du dich aus inneren Widerständen, musst du niemandem mehr etwas beweisen, nicht kämpfen. Du zeigst wahre Größe und bist frei.

Die Stoiker waren der Ansicht, dass alles, was wir tun, dazu dient, uns immer besser zu verstehen. Die tiefe Erkenntnis von Marc Aurel über das Wesen der Welt hat heute unverändert Bestand:

> »Wer nicht weiß, was die Welt ist, weiß nicht, wo er lebt. Aber nur, der da weiß, wozu er da ist, weiß, was die Welt ist.« (116)

Die Welt besser zu verstehen und mit diesen Erfahrungen dein Leben tatkräftig zu gestalten: Das kann nur gelingen, wenn du weißt, wer du bist. Wenn du deinem Weg folgst. Widme dich ganz deinem Ziel und deinen Projekten, ohne gleich nach schnellem Erfolg und Ruhm zu schielen. Es geht darum, etwas einfach gut machen zu wollen. Dranzubleiben, nicht aufzugeben, wenn es schwierig wird. Dorthin führt dieser Übungsweg. Mit jedem Tag wächst du. Du wirst deinem Ideal ähnlicher und entdeckst nach und nach, was diese Welt wirklich ist. Ein großartiger Ort, an welchem du deine Potenziale entfalten kannst und so einem wahrhaft weisen Menschen immer ähnlicher wirst.

GLÜCKLICH UND WEISE

Du kannst dich nicht zwingen, glücklich zu sein. Du brauchst keinen Stufenplan zum Glück, das funktioniert nicht. Der erste schlechte Tag und schon ist dein toller Glücksplan dahin. Für deine Übungen ist der unglückliche Moment dein größter Schatz. Du kannst anhalten, eine passende Übung wählen. Dich mit dem Problem auf eine Bank setzen, eine Wegstrecke einfach nur gehen, nicht zetern und nicht werten, dann das Problem langsam ziehen lassen. Die Kraft, die in deiner Verzweiflung gebunden war, wird frei. Innerer Frieden, tiefe Gelassenheit und innere Freiheit stellen sich ein.

Folge deiner inneren Agenda mithilfe der Erkenntnisse und Übungen der Stoa. Lass die tiefgründigen Worte der Philosophen in dein Herz und deinen Verstand einsickern. Auf diesem Weg zu dir entwickeln sich Gelassenheit, Glück und Freude von selbst. Mach dich auf die Suche nach dir. Was ist dein inneres Ziel? Wer bist du, wenn du alle Vorstellungen, wer du sein sollst, loslässt? Stück um Stück, jeden Tag mehr. Aus dieser inneren Freiheit heraus kannst du andere Menschen besser unterstützen, sie auf ihrem eigenen Weg fördern. Unabhängig von deinen Lebensumständen bist und bleibst du innerlich frei. Du kannst die Menschen wahrhaftig lieben: »So bedarf die wahre Liebe der Kraft des Weisen«. (117) Dies ist der Kern des Wegs der Philosophie, des Wegs der Liebe zur Weisheit.

Pierre Hadots wunderbares Buch über die griechische Philosophie schließt mit den Sätzen: »Die Lehren der antiken Philosophen sind eine Einladung an jedes menschliche Wesen, sich zu verändern. Die Philosophie kehrt unser Verhältnis zum Leben und zum Sein um, ist Transformation und Streben nach Weisheit.« (118)

Sie ist eine Einladung, dein Leben in die Hand zu nehmen und die Hindernisse, die dir begegnen, als das zu begreifen, was sie sind: Momente, um anzuhalten, und Lehrmeister auf dem Weg zum Glück. »Gar nicht mehr über das Wesen des guten Menschen diskutieren, sondern ein solcher sein.« (119)

ANMERKUNGEN

1. Hadot, Pierre. Philosophy as a Way of Life. Oxford: Blackwell Publishing, 2017.
2. Aurel, Marc. Selbstbetrachtungen. Buch 10/14. Berlin: De Gruyter, 2011.
3. Epiktet. The Discourses of Epictetus with the Encheiridion and Fragments. Buch 1/1. Übers. von George Long. London: George Bell and Sons, 1890. Online unter http://www.perseus.tufts.edu.
4. —. The Discourses of Epictetus with the Encheiridion and Fragments. Übers. von George Long. Buch 3/23. London: George Bell and Sons, 1890. Online unter http://www.perseus.tufts.edu
5. —. The Discourses of Epictetus with the Encheiridion and Fragments. Buch 3/23. Übers. von George Long. London: George Bell and Sons, 1890. Online unter http://www.perseus.tufts.edu
6. Aurel, Marc. Meditationen. Buch 10/9. Übers. von F. C. Schneider. Kindle, 2011.
7. Epiktet. The Enchiridion. Absatz 46. Online unter http://classics.mit.edu/Epictetus/epicench.html
8. —. The Discourses of Epictetus with the Encheiridion and Fragments. Buch 1/14. Übers. von George Long. London: George Bell and Sons, 1890. Online unter http://www.perseus.tufts.edu
9. Arendt, Hannah. Vom Leben des Geistes. München: Piper, 1998.
10. Precht, Richard David. Wer bin ich – und wenn, ja wie viele? München: Goldmann, 2007.
11. Epiktet. Handbüchlein der Moral. Buch 1/9. Kindle, 2011.
12. —. The Discourses as reported by Arrian, The Manual, and Fragments. The Encheiridion. Übers. von W. A. Oldfather. London: William Heinemann, 1928, S. 495.
13. —. Das Buch vom geglückten Leben. Absatz 51. Übers. von Carl Conz. München: C. H. Beck, 2005.

14. Kahneman, Daniel. Schnelles Denken, langsames Denken. München: Siedler E-Books, 2012.
15. Haidt, Jonathan. The Happiness Hypothesis. Cornerstone Digital, 2015.
16. Aurel, Marc. Meditationen. Buch 5/10. Übers. von F. C. Schneider. Kindle, 2011.
17. —. Meditationen. Buch 8/11. Übers. von F. C. Schneider. Kindle, 2011.
18. —. Meditationen. Buch 8/29. Übers. von F. C. Schneider. Kindle, 2011.
19. —. Meditationen. Buch 4/43. Übers. von F. C. Schneider. Kindle, 2011.
20. —. Selbstbetrachtungen. Buch 9/19. Berlin: De Gruyter, 2011.
21. —. Meditationen. Buch 3/12. Übers. von F. C. Schneider. Kindle, 2011.
22. Epiktet. Handbüchlein der Moral. Buch 1/8. Kindle, 2011.
23. Plegera M., Treppner K., Diefenbacher A., Schade C., Dambacher C., Fydrich T. Effectiveness of Acceptance and Commitment Therapy Compared to CBT+: Preliminary Results. *Eur. J. Psychiat.* 32, 2018, Vol. 4, 166–173.
24. Aurel, Marc. Meditationen. Buch 12/25. Übers. von F. C. Schneider. Kindle, 2011.
25. Epiktet. Handbüchlein der Moral. Buch 1/26. Kindle, 2011.
26. Aurel, Marc. Mediationen. Buch 8/4. Übers. von F. C. Schneider. Kindle, 2011.
27. —. Selbstbetrachtungen. Buch 10/3. Berlin: De Gruyter, 2011.
28. Seneca. Briefe an Lucilius. Brief 108. Philosophische Schriften Band 4. Übers. von Otto Apelt. Hamburg: Meiner, 1993. S. 236.
29. Aurel, Marc. Meditationen. Buch 4/34. Übers. von F. C. Schneider. Kindle, 2011.

30. —. Meditationen. Buch 6/39. Übers. von F. C. Schneider. Kindle, 2011.
31. Epiktet. A Selection from the Discourses of Epictetus with the Encheiridion. Buch 1, Of Providence. Übers. von George Long. Kindle, 2012.
32. Aurel, Marc. Meditationen. Buch 12/25. Übers. von F. C. Schneider. Kindle, 2011.
33. Seneca. Briefe an Lucilius. Brief 96. Philosophische Schriften Band 4. Übers. von Otto Apelt. Hamburg: Meiner, 1993. S. 171.
34. Epiktet. Handbüchlein der Moral. Buch 2/5. Kindle, 2011.
35. Kabat-Zinn, Jon. Gesund durch Meditation. München: Knaur MensSana, 2019.
36. Aurel, Marc. Meditationen. Buch 7/59. Übers. von F. C. Schneider. Kindle, 2011.
37. Seneca. Hercules on oeta. Chorus, Zeile 225. Complete Works of Seneca the Younger. Übers. von F. J. Miller. Hastings: Delphi Classics, 2014.
38. Aurel, Marc. Meditationen. Buch 10/20. Übers. von F. C. Schneider. Kindle, 2011.
39. —. Meditationen. Buch 7/26. Übers. von F. C. Schneider. Kindle, 2011.
40. Epiktet. Handbüchlein der Moral. Buch 1/5. Kindle, 2011.
41. Aurel, Marc. Meditationen. Buch 6/48. Übers. von F. C. Schneider. Kindle, 2011.
42. —. Selbstbetrachtungen. Buch 11/18. Berlin: De Gruyter, 2011.
43. —. Selbstbetrachtungen. Buch 11/18. Berlin: De Gruyter, 2011.
44. —. Meditationen. Buch 9/13. Übers. von F. C. Schneider. Kindle, 2011.
45. —. Meditationen. Buch 10/30. Übers. von F. C. Schneider. Kindle, 2011.
46. —. Selbstbetrachtungen. Buch 12/3. Berlin: De Gruyter, 2011.

47. Robertson, Donald. Denke wie ein römischer Kaiser. München: Finanzbuchverlag, 2019. S. 200.
48. Horaz. The Satires of Horace and Persius. Satire 2.7. London: Penguin, 2005.
49. Salzgeber, Jonas. Das kleine Handbuch des Stoizismus. Übung 11. München: Finanzbuchverlag, 2020.
50. Seneca. Brief 76. Philosophische Schriften Band 3. Übers. von Otto Apelt. Hamburg: Meiner, 1993.
51. Epiktet. Handbüchlein der Moral. Buch 1/28. Kindle, 2011.
52. Aurel, Marc. Selbstbetrachtungen. Buch 11/18. Berlin: De Gruyter, 2011.
53. Grepmair L., Mitterlehner F., Loew T., Bachler E., Rother W., Nickel M. Promoting Mindfulnes in Psychotherapists in Training Influences the Treatment Results of Their Patients: A Randomized, Double-Blind, Controlled Study. *Psychother Psychosom.* 2007, Vol. 76, 332–338.
54. Aurel, Marc. Meditationen. Buch 6/53. Übers. von F. C. Schneider. Kindle, 2011.
55. —. Selbstbetrachtungen. Buch 8/16. Berlin: De Gruyter, 2011.
56. Epiktet. Das Buch vom geglückten Leben. Absatz 11. Übers. von Carl Conz. München: CH Beck, 2005.
57. Aurel, Marc. Meditationen. Buch 5/25. Übers. von F. C. Schneider. Kindle, 2011.
58. Epiktet. Das Buch vom geglückten Leben. Absatz 23/9. Übers. von Carl Conz. München: C.H. Beck, 2005.
59. Aurel, Marc. Meditationen. Buch 12/17. Übers. von F. C. Schneider. Kindle, 2011
60. Epiktet. Handbüchlein der Moral. Buch 2/33.2. Kindle, 2011.
61. Aurel, Marc. Selbstbetrachtungen. Buch 5/18. Berlin: De Gruyter, 2011.
62. —. Selbstbetrachtungen. Buch 6/11. Berlin: De Gruyter, 2011.

63. —. Meditationen. Buch 4/49. Übers. von F. C. Schneider. Kindle, 2011.
64. —. Meditationen. Buch 4/1. Übers. von F. C. Schneider. Kindle, 2011.
65. Cayoun, Bruno. Mindfulness integrated CBT. Oxford: Wiley-Blackwell, 2011. S. 106.
66. Aurel, Marc. Meditationen. Buch 8/16. Übers. von F. C. Schneider. Kindle, 2011.
67. —. Selbstbetrachtungen. Buch 2/1. Berlin: De Gruyter, 2011.
68. Seneca. Drei Bücher vom Zorn. Philosophische Schriften Band 1. Übers. von Otto Apelt. Hamburg: Meiner, 1993. S. 65.
69. Aurel, Marc. Meditationen. Buch 12/19. Übers. von F. C. Schneider. Kindle, 2011.
70. Seneca. On the happy life. Absatz 3. Complete works of Seneca the younger. Übers. von A. Stewart. Hastings: Delphi Classics, 2014.
71. Aurel, Marc. Meditationen. Buch 4/3. Übers. von F. C. Schneider. Kindle, 2011.
72. Seneca. Briefe an Lucilius. Philosophische Schriften Band 4. Übers. von Otto Apelt. Hamburg: Meiner, 1993. S. 318.
73. —. Drei Bücher vom Zorn. Philosophische Schriften Band 1. Übers. von Otto Apelt. Hamburg: Meiner, 1993. S. 194.
74. —. Briefe an Lucilius. Philosphische Schriften Band 4. Übers. von Otto Apelt. Hamburg: Meiner, 1993. S. 120.
75. Aurel, Marc. Des Kaisers Marcus Aurelius Antonius Selbstbetrachtungen. Übers. von Albert Wittstock. Buch 6/17. Leipzig: Reclam, 1944.
76. —. Meditationen. Buch 7/69. Übers. von F. C. Schneider. Kindle, 2011.
77. —. Meditationen. Buch 8/43. Übers. von F. C. Schneider. Kindle, 2011.

78. Seneca. De clementia. Über die Güte. Übers. von Karl Büchner. Ditzingen: Reclam, 1992.
79. Singer, Tanja. Empathie und Mitgefühl. Heidelberg 2020. Online unter https://www.youtube.com/watch?v=ypAB0_G0EOQ
80. Epiktet. Das Buch vom geglückten Leben. Absatz 16. Übers. von Carl Conz. München: C.H. Beck 2005.
81. Seneca. Vom glücklichen Leben. Philosophische Schriften Band 2. Übers. von Otto Apelt. Hamburg: Meiner, 1993. S. 2.
82. Aurel, Marc. Meditationen. Buch 5/9. Übers. von F. C. Schneider. Kindle, 2011.
83. Epiktet. Anleitung zum glücklichen Leben. Übers. von Rainer Nickel. Buch 1/37. Düsseldorf: Artemis und Winkler, 2006.
84. Aurel, Marc. Meditationen. Buch 7/28. Übers. von F. C. Schneider. Kindle, 2011.
85. —. Meditationen. Buch 7/31. Übers. von F. C. Schneider. Kindle, 2011.
86. Epiktet. Das Buch vom geglückten Leben. Absatz 23. Übers. von Carl Conz. München: C. H. Beck, 2005.
87. Aurel, Marc. Meditationen. Buch 6/52. Übers. von F. C. Schneider. Kindle, 2011.
88. —. Meditationen. Buch 11/5. Übers. von F. C. Schneider. Kindle, 2011.
90. —. Meditationen. Buch 5/10. Übers. von F. C. Schneider. Kindle, 2020.
91. —. Selbstbetrachtungen. Buch 9/5. Berlin: De Gruyter, 2011.
92. —. Selbstbetrachtungen. Buch 11/13. Berlin: De Gruyter, 2011.
93. —. Meditationen. Buch 12/17. Berlin: De Gruyter, 2011.
94. —. Meditationen. Buch 8 / 59. Übers. von F. C. Schneider. Kindle, 2011.
95. —. Meditationen. Buch 11/12. Übers. von F. C. Schneider. Kindle, 2011.

96. Unterredungen mit Epiktet. Absatz 41. Übers. von Joseph Grabisch, Jena und Leipzig: Eugen Diederichs, 1905.
97. Unterredungen mit Epiktet. Absatz 133. Übers. von Joseph Grabisch, Jena und Leipzig: Eugen Diederichs, 1905
98. Aurel, Marc. Meditationen. Buch 8/48. Übers. von F. C. Schneider. Kindle, 2011.
99. Seneca. Von der Unerschütterlichkeit des Weisen. Philosophische Schriften Band 1. Übers. von Otto Apelt. Hamburg: Meiner, 1993. S. 29.
100. Nietzsche, Friedrich. Nachgelassene Fragmente NF-1888, 15[118]. Digitale Kritische Gesamtausgabe von Nietzsches Werken und Briefen. Online unter http://www.nietzschesource.org
101. Aurel, Marc. Meditationen. Buch 8/26. Berlin: De Gruyter, 2011.
102. Tonya D., Jacobsa Elissa L., Epel S., et al. Intensive Meditation Training, Immune Cell Telomerase Activity, and Psychological Mediators. *Psychoneuroendocrinology.* 5, June 2011, Vol. 36, 664–6.
103. Epiktet. Das Buch vom geglückten Leben. Absatz 5. Übers. von Carl Conz. München: C. H.Beck, 2005.
104. Aurel, Marc. Selbstbetrachtungen. Buch 9/32. Berlin: De Gruyter, 2011.
105. —. Meditationen. Buch 7/27. Übers. von F. C. Schneider. Kindle, 2011.
106. —. Meditationen. Buch 4/3. Übers. von F. C. Schneider. Kindle, 2011.
107. Epiktet. Handbüchlein der Moral. Buch 2/19. Kindle, 2011
108. Aurel, Marc. Meditationen. Buch 8/27. Übers. von F. C. Schneider. Kindle, 2011.
109. —. Meditationen. Buch 4/40. Übers. von F. C. Schneider. Kindle, 2011.

110. —. Meditationen. Buch 7/56. Übers. von F. C. Schneider. Kindle, 2011.
111. —. Selbstbetrachtungen. Buch 10/15. Berlin: De Gruyter, 2011.
112. —. Meditationen. Buch 7/69. Kindle, 2011.
113. —. Meditationen. Buch 12/22. Kindle, 2011.
114. —. Meditationen. Buch 6/31. Kindle, 2011.
115. Epiktet. Handbüchlein der Moral. Buch 2/48. Kindle, 2011.
116. Aurel, Marc. Meditationen. Buch 8/52. Kindle, 2020.
117. Epictetus. The Discourses of Epictetus wth the Encheiridion and Fragments. Buch 2/22. Übers. von George Long. London: George Bell and Sons, 1890. http://www.perseus.tufts.edu
118. Hadot, Pierre. Philosophy as a Way of Life. Oxford: Blackwell Publishing, 2017. S.275.
119. Aurel, Marc. Selbstbetrachtungen. Buch 10/16. Berlin: De Gruyter, 2011.

Englische und andere fremdsprachige Zitate habe ich nach Vergleich verschiedener Übersetzungen ins Deutsche übertragen.

AUTORENPORTRÄT

Prof. Dr. Angela Geissler ist seit 2000 Chefärztin der Abteilung für Radiologie am Stuttgarter Robert-Bosch-Krankenhaus. Ihr besonderes Interesse gilt dem Zusammenspiel von moderner Forschung und überlieferten Übungswegen der persönlichen Transformation. Die Erkenntnisse und Erfahrungen aus Philosophie, Wissenschaft, Taoismus, Zen und Meditation vermittelt sie regelmäßig in Seminaren. Sie ist Dharma-Lehrerin, Coach und seit 2008 Schülerin des Zen-Meisters Hinnerk Polenski. Gemeinsam mit Gleichgesinnten hat sie das Daishin-Zen-Zentrum in Stuttgart und ein Zen-Kloster in Buchenberg gegründet.

Mit Minimalismus mehr Klarheit im Leben

Guido Schlaich geht den Weg des Entrümpelns und Aufräumens seit Jahren ganz konsequent. Er berichtet – undogmatisch und immer mit einem Augenzwinkern –, was das mit ihm gemacht hat: Dabei findet sich der Leser ganz schnell selbst wieder und bekommt viele Tipps aus der Erfahrung, wie das Aufräumen wirklich funktioniert – und welche innere Haltung sich dabei entwickelt: loslassen können, die wirklich wichtigen Dinge im Leben kennenlernen, ohne Ballast durchs Leben gehen. Eine authentische Geschichte, die motiviert, bei sich selbst weiterzumachen...

Guido Schlaich
Weshalb mich weniger Besitz glücklich macht
128 Seiten · ISBN 978-3-96860-007-9

kosmos.de/nymphenburger

Eurythmie ist das neue Yoga!

Heileurythmie ist eine speziell für den westlichen Menschen entwickelte Bewegungslehre. Jahrzehntelange Erfahrungen zeigen, wie heilsam sie sich auf körperliche, seelische und geistige Prozesse auswirkt. Das Besondere: Die Übungen sind fast überall möglich – zuhause, am Arbeitsplatz, in der Natur. Das Ergebnis der wohltuenden und gesundheitsfördernden Impulse ist spürbar mehr Lebenskraft und Leichtigkeit. Mit Übungen für Leber, Herz, Milz, Lunge und Niere, Anwendungen bei Ängsten oder Depression und für mehr Selbstbewusstsein, innere Zentrierung und Selbstvertrauen.

Simone Zähringer
Stärke deine Lebenskraft
112 Seiten · ISBN 978-3-96860-027-7

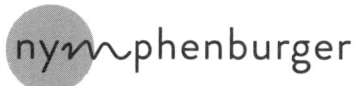

kosmos.de/nymphenburger

Mit der Kraft des Mondes bei sich selbst ankommen

Der Rhythmus des Mondes – Neumond, aufsteigender Mond, Vollmond und absteigender Mond – beeinflusst unsere Seele und damit auch unsere Wünsche, Zielvorstellungen und Absichten. Wer sich ganz bewusst mit diesem Rhythmus verbindet, geht in die Selbstermächtigung – und findet den Zugang zur Weisheit der eigenen Seele. Susana Ferreira geht diesen Weg seit Jahren und zeigt, wie man davon für die Familie, Partnerschaft und das berufliche Umfeld profitiert. Mit zahlreichen Bewusstwerdungen, Fragen und Manifestationen für Lebensmut und klare Entscheidungen.

Susana Ferreira
Lebe deine Intention
144 Seiten · ISBN 978-3-96860-005-5

kosmos.de/nymphenburger